시로여는세상 시인선
48

사람, 그리움 그 사이로

사람, 그리움 그 사이로

이
종
현 시
　집

□ 시인의 말

적연부동(寂然不動)!
이 거대한 '푸른 행성' 바다와 흰 구름이 어우러진 지구촌 80억 중의 단 한 명의 존재, 갑자기 외롭다. 아니 그립다. 그래서일까. 베토벤은 60알의 원두로 커피를, 바흐는 1000번의 키스보다 한 잔의 커피가 더 좋다며 '커피 칸타타' 작품을 남겼다. 나도 그 외로움 아니 그리움 이겨내기 위해 철저하게 혼자인 나를 위로해 줄 '커피' 한 잔이 필요하다. 그리고 그 옆에 나의 시집 한 권이 있기를 간절하게 바란다. 바흐의 '커피 칸타타'의 선율까지 있다면.
늘 혼자였다. 지나온 삶 속에는 항상 외로움이 묻어있었다. 많은 사람들은 나를 보고 눈부시다고 했다. 그 눈부심 뒤에 숨어있는 외로움을 못 봐서 일게다. 늘 삶의 부스러기들은 각자의 파편으로 생채기를 끌어안고 몸부림칠 뿐 퍼즐처럼 맞춰지지 않았다. 그 누구의 위로도 나의 철저한 외로움을 채워줄 수가 없다. 그 기저에는 항상 詩가 있지만, 삶은 늘 시시하다.
詩는 생존에 있어 사치였고, 다가갈 수 없는 그리움이었다. 수많은 낮과 밤이 절멸하고 또 새로운 낮과 밤이 와도 詩보다 밥에 먼저 양보해 왔다. 세상은 아무런 행운도 없는 자를 태어나게하지 않고, 땅은 아무런 쓸모도 없는 존재를 길러내지 않는다는 말에 속아 지금까지 살아왔다. 허상이다. 교과서에서나 있을 법한 그 말을 믿고 살아왔다. 소중했던 사람들의 갑작스런 죽음들을 대하면서 심경의 변화가 왔다. 삶은, 시간은, 가치는 기약 없는 것임을.
그래, 이 깊어가는 늦가을 쓸쓸한 날에 서둘러 시집을 준비했다. 詩밖에 모르던 그때를 그리워하며.

'사람, 그리움 그 사이로'

이종현

CONTENTS

시인의 말 … 5
해설 | 『생의 이면(裏面)과 '사이'의 시학』
　　　　　　　　전해수 (문학평론가) … 162

1부 | 봄, 여름, 가을, 겨울

春・Spring
봄, 스케치 … 13
봄, 기막힌 기억 … 14
2017 봄을 기다리며 … 16
봄. 개화 … 17
2021 봄 벚꽃 … 18
4월, 청보리 밭 … 19

夏・Summer
알프스 작은 꽃들에게 … 21
장마전선 … 23
장마, 파도 빠져나오기 … 25

秋・Autumn
짧아서 가을이다. … 28
가을 愛 … 30
누군가 가을에 묻는다 … 31
억새풀 그 외로운 꿈 앞에서 … 32
가을 산 … 34
가을 … 36

冬 · Winter

눈雪에 관하여 … 38
눈雪을 맞다 … 40
겨울 투시도 … 42
내가 가는 길 … 44
겨울 눈 내리는 의정부 … 46
목숨 1 … 48
눈의 명상 … 50

2부 | 삶을 생각하다

증명 … 52
선유도仙遊島 … 53
제주도 … 56
전라도 … 58
삶 … 60
소래 포구의 작은 싸움 … 62
엄마의 설거지 … 64
아버지 … 65
가로등 … 68
귀로 … 69
거리의 하나님 … 70
아우슈비츠 수용소, 소녀의 깨진 인형을 생각하다 … 72
하와이 아리랑 … 76

3부 | 아모Amo 아모르Amor 그 서정적 자아抒情的自我

사랑이라는 이름으로 (I love-bug) … 80

그게 사랑이다 … 81

희미한 거리에서 … 82

바람은 … 84

경계 … 86

강촌연가江村戀歌 … 88

나도 그대들처럼 … 90

너를 보내며 … 92

지환이의 눈물 … 94

천년지애千年之愛 … 96

4부 | 아이러니와 페이소스 그 삶의 부스러기들

우린 어둠을 향해 … 98

그리움 … 100

햇살이 그립던 날 구치소에서 … 102

터키, 그 그리움 안으로 … 104

앙코르와트의 일몰 … 106

한강을 건너며 낚시를 생각하다 … 109

누드로부터의 자유 … 112

노을 … 114

들꽃 … 116

유년의 강 … 118

내부순환도로에서 … 120
2000, 메시지 … 122
청량리 블루스 … 124
서울의 맑은 하늘은 유난히 슬퍼 … 126
시골 노을 … 128
산山 … 130
신륵사에서 … 131
2023년 THE HEAVEN … 132

연작시

그리운 암각화 1 … 136
그리운 암각화 2 … 138
그리운 암각화 3 … 140
그리운 암각화 5 … 142
그리운 암각화 6 … 144
꿈 I … 146
꿈 II … 147
꿈 III … 149
아리랑 소나타 I … 151
아리랑 소나타 II … 153
중심 I … 155
중심 II … 156

1부

봄, 여름, 가을, 겨울
– 그리고, 계절 삶의 부스러기들

春
———

Spring

봄, 스케치

고양시 덕양구 화정동 별빛마을과 옥빛마을 사이로
건널목, 파란 신호등 사이로
물방울처럼 튀어 오르며 건너는 3명의 아이들 사이로
내리쬐는 봄볕 사이로
화들짝 놀라 날아오르는 웃음소리 사이로
활짝 핀 꽃이 거리에 전시되는 사이로
섭씨 15도의 따듯한 봄바람 사이로
눈썹 위에 앉아 휴식을 청하는 졸음 사이로
힘차게 불거지는 파란 실핏줄 사이로
강을 이루며 흘러가는 물결 사이로
힘차게 올라가는 물고기 떼 사이로
싱싱한 물 빨아들이는 밑동 잘린 갈대 사이로
눈부신 날개 짓 노랑나비 비상 사이로

산소 같은 표정으로 건널목을 빠져나가는
아. 이. 들

봄, 기막힌 기억

말하지 않아도
너는 정확히
기억하고 온다.
좀 더 얇아진 바람만으로
아는 걸까.
한결 물소리 머금은 새 소리만으로도
알아차리는 걸까.
어찌 매년 딱 이맘때
정확하게 와서
한 번도 졸지 않고
일제히 터져
꽃이 되는가!

우리는 네 열리는
꽃망울을 보고
입꼬리를 보고
그때서야
향기를 기억하는데.
<

그제서야
봄인 것을
못 견디게 그리운
그때인 것을

기억하는데.

2017 봄을 기다리며

아직 잠들어 있는 흙과 흙무더기
제법 빨라진 물살에 씻겨 나가는
나무의 잔뿌리 사이로
쏜살같이 빠져나가는 숨. 숨.
거친 숨들

겨울은 비명도 없이
도랑을 타고 떠내려간다.
봄은 바람을 타고 빠르게 아주 빠르게
물기를 머금은 채 잔뿌리에 와 살이 된다.

봄날
누군가
허연 허벅지를 드러낸 채 발을 씻는다.
아찔하다.
현기증 나는
봄春.

봄. 개화
- 벚꽃에게

한껏 부풀어 올라
참고 참다가
기다리고 또 기다리다가
스쳐가는
바람~~
핑계로
그날 밤 꿈처럼
하얗게
새하얗게
하늘 그 어둠 안에서
수 천 번 까무러치면서
수 천, 수 만개의
창窓을
연다!

겨우 내내 끌어안은
그 향기와
함께.

2021 봄 벚꽃
- 코로나 창궐, 꽃구경도 통제시킨 그날

분명히 기억하마.
피어나는 꽃마저도
자유롭게 볼 수 없었던.
그토록 기다려도 꽃샘추위에
늘 한 번씩은 더디게 오더니만.
어쩌자고 2021년 이 봄날에 벚꽃은 이리도
빨리 찾아와 곱게도 피어나는 것이냐.
소담스런 네 꽃망울 바라보는 것조차
눈치가 보여서, 슬쩍 시선마저도 아주 짧게

여럿은 안 된다. 오로지 혼자만 봐야 하는
펜데믹 이 몹쓸 병을 앞세워
네 향기마저도 통제시키는
4월 어느 오후에
어쩌라고 이리도 까무러치도록 터지는 것이냐.

분명, 분명히 기억하마.
2021년 봄 화려한 벚꽃의
주최할 수 없이 터져버리던
그날 벚꽃들의 범람을.

4월, 청보리 밭

그 여자의 치마에서 풀냄새가 난다
청보리 까실한 4월 어느 저녁에
황토빛 향기로 부는 바람
그 여자의 치마에서 새근새근
잉태되는 푸른 숨결이 출렁인다.
파랗게 들어앉은
네 자궁에 싹트는 소리
그 여자가 걸을 때마다
치마폭엔 강江이 넘실된다
그래서일까
그 여자의 다리 안에서 목련이 열린다
하얗게 벌리는
오! 너의 교태
봄기운에 졸다가, 졸다가 실눈으로 보면
그 여자는 바람으로 다가와 옷을 벗긴다
달처럼, 달처럼 은밀하게 벗겨지는
너의 관능
그 여자의 치마폭에 감겨
오랫동안 잠을 자고 싶다.

夏
———

Summer

알프스 작은 꽃들에게
- 어느 여름 스위스 융프라우에서

높아질수록 점점 작아지는 꽃들에게 쉼 없이 와 건드리는 바람, 구름 그리고 작은 햇살은 어떻게 살아가야 하는지를 알려준다.

시간에 맞춰, 간격을 두고, 거리를 두고..... 계절에 관계없이 커지려는 꿈을 센티미터 자보다도 정확하게 낮은 수은주로 커지려는 꿈을 눌러가며, 더 진한 색깔로, 향기로 바꿔놓는다.

키를 키우기엔 꿈이 너무 여려서, 잦은 바람 때문에 융프라우 사천일백오십 미터의 정상에서 빛나는 하얀 눈보다도 눈부시지 않을 것 같아서 작아지기로 했다.

작아진 해바라기, 그 아래 더 작아진 마가렛꽃, 꽃. 꽃. 꽃. 이름 모를 작아지는 꽃, 꽃들이 일정한 간격으로 불어오는 바람에, 구름에 흔들리다가 알아서 엎드린다.

다만 알프스에서만 핀다는 '에델바이스'는 융프라우로 오르는 인클라인 기차의 스피커에서만 피어서 질 뿐, 보이지 않았다. 에델바이스, 에델바이스, 에델바이스. 우리가 갈 수 없는 산 중턱 얼음 밑에 피어 있는 걸까. 확인할 수 없는 상상 속에서만 피는 것일까. 얼음을 뚫고 녹은 눈 옆에 피어난 에델바이스도 저들 꽃처럼 작아지고 있을까.

높아질수록 더욱더 땅에 엎드리는 습성의 꽃들이여, 풀들이여!

흩어지는 구름의 남은 습기로 허리만 겨우 펴고 살아가는 키 작은 꽃들에게.

키 작은 해바라기, 그 아래 더 작은 마가렛 그리고 이름 모를 풀들도 제각기 살아가는 방법을 바람과 구름 때문에 아는 것일까. 높아질수록, 올라갈수록 더 낮아져야 살 수 있다는 것을 알기에 융프라우에 더 낮게 엎드린 진한 꽃이며 색깔, 꽃향기······

더 작아진 해바라기며, 마가렛은 오늘도 사천일백오십 미터의 꿈이 되기 위해 더 낮아지기로 했다. 한여름 8월의 융프라우여

장마전선

7월의 잿빛 저녁은
플라타너스 이파리 안에 잠긴다.
열, 스물, 수백, 수천의 잠들이
가지 잎에 열려
바라보면
불안하게 자리 잡는 어둠들
플라타너스 빽빽한 잎 사이로, 문을 열고 TV를
켜고 수돗물을 틀면 여름밤이 쏟아진다.
불안처럼 널려진 집과 집 사이로
가끔 흐린 하늘이 보이는
산 1번지의 저녁은
먹구름 속 소낙비의 근심으로 이불을 편다.
이내 깊은 꿈의 가장자리부터 배인 빗물
잠긴 방에 떠오르는 바가지, 슬리퍼
옷가지는
장마전선의 계곡에 드러난
그 잘난 뼈들 가지들.

플라타너스 줄기, 반짝이는 그 수많은

이파리 사이로

희망을 꿈꾸며 사람들이

이사를 온다. 아주 많이

허나

쉽게 물러서지 않는

오호츠크 기단과 태평양 기단의

팽팽함으로

더 깊은 잠에 차오르는 물

장마전선에서

하얗게 **뼈**를 건져내고 있다.

장마, 파도 빠져나오기
― 논현동 피플Ⅱ, 재즈바에서

너무도 질긴 풍경으로 들어앉아
어둠보다 더 깊은 지독한
그리움으로 둘러쳐져 있어
악다구니 물고 빠져나오려 해도
넌 몇 개의 악보에 걸려서
이내 침묵이 되고 만다.

발목을 죄는 것들은
오늘, 바다로 출렁이지 못한 궁색한 물구덩이여서
끝내는 달빛 하나 겨우 가두고 나서
갈매기 소리 몇 개 끌어안은 섬으로 떠서
바다이기를 바란다.

넌 다시 두 주먹 불끈 쥐고
빠져나온다.
그러나 아주 잠시의 자유는 또
네 강한 비트에 걸려
흰 포말로 떠올라 파도가 되어서
아찔하게 아득하게

정신 속을 기어가고 있다.

이내 오오츠크 기단은 널리 반도에
흰 줄을 그은 채
며칠 간 비만 내리게 한다.
무자비하게 튕겨져 나오는 비올라 현絃
또다시 널 빠져나오기 위해
사력을 다해본다.

금방 안다. 헛된 것임을
손끝에 묻어나는 이 더러운 갈증
몇 개의 리듬이 콘크리트
벽에 부딪쳐 소리를 만든다.

빠져나올 수 없는 너의 비트, 악보, 현絃

秋

―――

Autumn

짧아서 가을이다

1.
벼 밑동만 남은, 가을 벌판
짧아서 가을이다.

2.
핏기 없이 겨우 매달려 호흡하는
미류 나뭇잎
불안해서 가을이다.

3.
예고 없이 몰아친 바람에 들춰진
몸뚱아리 몸뚱어리 몸뚱이
허전해서 가을이다.

4.
비스듬히 비추는 오후 햇살이 번져오는 서울시청 신청사
구경 나온 아이가 "와! 괴물이다. 메뚜기 같아"
이상해서 가을이다.

5.
개인회생 법에 날아간 아파트
하나님이 "구해준다"는 말에
태어나 처음 교회로 가, 기도하는
간절해서 가을이다.

1. 벼는 없고 밑동만 남아서.
2. 버겁게 버티며 잔 호흡만 남은.
3. 속 절 없이 매서운 바람 맞고 있는.
4. 권력과 예술의 상징, 서울시청은 아이에겐 괴물.
5. 억울하면 법에 호소하고, 안되면 기도를 강요하는.

가을 짧아서 다행이다.

가을 愛

계절 내내 버텨내던 무게를 내려놓습니다.
떨어지는 것들이 어깨에 와 닿을 때
바라본 가을 하늘은
아주 선명한 자국으로 할퀴어져 있습니다.

뜨거웠던 여름의 끝, 지는 나뭇잎은
색도, 무게도, 삶도 각기 달랐습니다.
툭툭 불거진 힘줄로 겨우 이겨 낸 여름은
이제 마른 잎, 몇 가닥에 남은 혈관 속에서
겨우 숨을 쉴 뿐입니다.

"고단했지만 선명한 삶이었다........"는 말 다
끝내지 못하고, 몇 가닥 호흡, 찍어 내리며
일제히 땅으로 내려앉습니다.

하지만 이별은 늘 익숙하지 못해
한참 동안 서성거리며 바스락거려봅니다.

내가 죽어야 또 내가 살 수 있기에
또 한 줄의 나이테 하나 끌어안으며.

누군가 가을에 묻는다

아직 숨결이 느껴지는
가을 나목 사이로 아스라이 해가 진다.
쪽빛 하늘 끝, 불안한 회색 구름
뒹구는 거리에, 습관처럼 쓸리는 낙엽
태우는 연기 뒤로 아직 가을 흔적이 남아 있다
가을은 내 숨결보다도 작게 떨고 있다
가슴 구석구석에 연기를 피운다
말하지 않아도 우리는 안다
사랑한다고 고백하지 않아도 우리는 안다
바람 한 줄기 눈썹 끝을 스쳐 지나만 가도….

누군가 새벽 거리를 지나갈 것이다
찍히는 자국 발자국마다에
마지막 여름이 묻어, 오는 가을을 볼 것이다.
누군가 이 가을에 묻는다
혹 사랑한 적 있나요?
혹 그리워한 적 있나요?

난 뒤돌아서서 낙엽을 태운다.

억새풀 그 외로운 꿈 앞에서

저기 저 들이 보인다. 들추어진 모가지 위로
산이 서 있다. 바람이 분다.
그때마다 소리들이 흰 꿈을 달고 움직인다.
또 바람이 분다. 바람이 불면
흔들리는 정신을 세워가며 머리를 든다.
흔들리며 허기가 지면 꿈이 뜬다.
벌판에 떠다니는 꿈덩이
초경을 한 여자아이의 설렘으로 흔들리는
빈 가지의 너희들 겨울 풀이여
일제히 땅에 쓰러져 공복의 가슴을 어루만져도
한여름의 억셈으로 흔들릴 억센 꿈의 억센주의자들.

맨몸으로 뒹굴고 있는 추위를 골라가며
한 시대를 좇고 있을
나의 정신도
부딪치며 살아가는 억센 꿈을 꾸어야 하리.

바람이 분다
상처 난 부분의 하루를 잠재우며

억새풀

그 외로운 꿈 앞에서 탄탄히 쌓이는

정신을 외우고 있다.

가을 산
- 단풍에 말하다

곧 떨어지면 추억일까 봐
한껏 차려입었다
노랑 저고리에 붉은 댕기도 달았다
분칠로 곱게 마무리하고 너를 기다린다

두근거림을 가슴까지 조여 묶고
작은 바람소리에도 서성였다
부질없다. 참 부질없다.
부질없는 짓이다.

이슥한 밤이 되고 서야
당신 기척 이는 소리 듣는다
용서치 않겠다고 다짐했지만
수척해서 돌아온 당신 앞에서
사랑은.
노랑저고리, 붉은 댕기, 연지곤지
분칠까지 모두 벗어 던진다

화냥년이라고 해도 좋다.

난 당신 앞에서 되도록 더 붉게, 샛노랗게
아낌없이 벗어 던질 것이다. 불타오를게다

곧 떨어지고 말, 가을이어서
나는 더 이상
거절할 수가 없다.

가을이 겨울 앞에 서 있다.

가을

안개 자욱한 새벽
버스에 오른다
버스 안, 졸음들은 하나가 되어
밀물 썰물, 썰물 밀물이 된다
가끔은 풍랑처럼 소스라친다

그렇게 스멀스멀 잠결로 다가오는
노랑, 빨강, 노랑, 빨강……
소스라치며 깨어난 풍경 속에서
그렇게 물든 가을은
또 한 번 소스라치며
등줄기 드러나도록 꿈을 꾼다

冬

Winter

눈雪에 관하여

너는 애초에 혼자였다.
그 혼자인 것들이
각기 다른 무게와 속도로
낙하한다.
크기도 모양새도 그리고 성격도
다른데
단 한 번 부딪치지도 않은 채, 너에게도
방해하지도 않고
너만의 리듬으로 내린다.
사람들은 저 불규칙하게 내리는
눈을 보고 눈송이라 말한다.
하지만
단 한 번도 눈송이인 적 없다.
인간들은 삶의 부스러기이니
시간의 결정체이니 하며
내리는 눈을 미화하지만
각기 다른 공간과 공간을 유지하며
대차게 내리는 것으로 나의 삶은 끝이다.
그 수많은 눈들이 내 눈 위에서 발밑으로

내려앉아도
단 한 번도 부딪치거나
한평생의 꿈을 깨트린 적 없다.
언제나 깨트리는 것은 인간이
먼저였다
눈들은 다만 각기 다른 무게와 속도
그리고 저마다의 공간을 유지한 채
각자의 질서, 리듬으로, 모양으로
땅에 내려앉아서야 비로소 '함께'가 된다.

눈雪을 맞다
- 태국 공항에서 문득 눈雪을 생각하다

수많은 음표 두서없이 쏟아진다.
음계도 모른 채 수없이 쏟아지는 저 많은 알갱이들
락rock이다가 블루스로, 솔이다가 다시 발라드 미로
다시 헤비메탈로 쏟아지는 라! 라! 라!
눈雪. 눈雪. 눈雪
눈을 맞다.

무엇 미련 있어 떨어져 녹아들지 못하고
머리 위서 서성대는 거냐.
무엇 미련 있어 떨어지며 스며들지 못하고
머리 위서 흩날리며 방황이냐.

어느 한 곳 정하지 못한 채 기류에 따라
떠다니는 눈, 눈, 눈
눈이 맞다.

예고도 없이 방콕 수완나품 공항에
눈이 내린다.
비행기 속 아이들은 눈이라며 환호했고

어른들은 비누 거품이라고 정정했다.

비행기 창문에 쏟아지는 눈, 눈, 눈
눈에 맞다.
음표도, 방황도, 사랑도 지상으로
내려앉지 못하고 공중에서
하염없이 떨고 있다.

겨울 투시도

잊혀진 기억의 시대에
낮은 포복으로 바람이 분다.
살아있는 한은 흔들리면서도 버티겠다는
겨울 벌판의 마른풀과
마른 정신 안에 쌓이려는
시간의 몸부림들

나는 보았다.
괘종시계 추 사이로 흐르는
겨울 강江의 뒤척임을
시간이 흘러 하구의 짠물로 빠져나가며
세월이 된다는 것을

잊는 것은 잊은 대로 기뻐할 일이다
새로운 기억은 계곡의 빠른 물살로
추위를 앓은 옆구리에 와
어둠을 앓고, 시간을 앓고
마지막 그리움을 앓을 때까지
흘러가는 강은 강대로 강일뿐이다.

<

흐르는 기억記憶, 시간, 사람을 따라
흘러가다 보면
또
빠르게 지나가는 바람도 보고
작은 소리로 방황하는 불안도 볼 것이다

이 겨울
발소리에 찍혀 오는 삶의
흔적조차도
톡 쏘고 지나는 매운바람도

째깍이는 시계 추 사이에서
잘 영글어 반짝일 내일 아침 햇덩이
하나, 키워내고 있다.

내가 가는 길
- 가을과 겨울 사이 벌판에서

그건 절망 아니다.
내 발톱 모조리 잘려
겨울입구 벌판에 쓰러져도
그건 어둠 아니다.

갈매기 ~
날아가다 안보이면
니 자유 끝이지만

내 꿈의 밑동 싹둑, 싹둑 베어내도
내년 여름 어김없이 일어나는
파랗게 그 자리에 자라나듯
아무리 쓰러지는 가을이 와도
그건 눈물 아닌 내일이라는 것
잘 안다.

잘리고 베어나가는 발등에
겨울이 와도
다시 비바람 맞아 더운피 돌고

어둠 속에 뿌리박는 하얀 정신 쌓고 쌓아
허리힘 키울 줄 아니
제아무리 너희들 힘으로
내 발등 잘라내도 내일 있어
꺾일 수 없다.

휘청이면서도, 외로운 우리끼리 껴안고
적어도 목소리는 살아서
내일을 기다릴 줄 아니, 버티니
그건 끝 아니다.

갈매기~
날아가다 안보이면
니 자유自由 끝이지만.

겨울 눈 내리는 의정부
- SO, 쏘 여긴 기지가 아니다. 소릿꾼 학기 눔의 아지트다

어둠이 용이하게 들어앉은 서울 외곽의
도시都市는
미군美軍 캠프camp 찰스병장 M16에 장전된 채
발정 난 별들을 치켜 올린다.
파란 눈, 혹은 흑인들의 하얀 웃음이
"의전부" "리전부"라고 외치는 용병들의 서툼 안에서
눈을 뿌리고 있다.
SO. 쏘
이건 미군들의 암호나 무전이 아니다.
소릿꾼 학기 눔의 라이브 카페에서
닐영이, 에릭크렙튼이, 조규찬이
의정부 암구호 소리로 풀어내는 멜로디다.
500CC의 용량과 그 무게 앞에서
토종들이여 파이팅을.....
정호승의 동두천 수수깡 밭에서 쓰러지던
어머님을 위하여 눈물의 건배를
그 사이에 찬바람, 겨울 눈 더 휘몰아친다.
학기 눔의 SO. 쏘 화장실 문에도
팔뚝만 한, 볼트와 너트가 붙어

여자와 남자를 분단시키고 있다.
-여긴 미군기지도, 휴전선도 아닌
SO. 쏘 학기 눔의 전진기지이다.
볼트와 너트가 결합되지 못 한 채
갈라진 욕망은 아랫도리에 툭툭 불거져
아주 잠시 시원한 배설로 변기
저 아래 어둠 속으로 빨려 들어갈 때
학기 눔이 부르던
양키 놈 닐영의 순수한 마음 Heart of Gold는
눈 내리는 기지촌 의정부 창가에서
발기된 채 장전되어 있다.
-SO. 쏘
여긴 분명 기지가 아닌
학기 눔의 노래가 마려운 눈빛들이
학기 눔의 노래가 그리운 500CC들이 모인 이곳은
SO. 쏘
여긴 의정부 속의 외인부대다.
기지촌이 아니다.

목숨 1

몇 가닥 혈관 속에서
뜨겁게, 뜨겁게 밀어내는 숨 가쁜 호흡이
몸 전체로 이어지고 있다.
미세한 움직임을 눈으로 확인하고
귀로 증명해보는 심장 소리에
분명히
세상은 바람도 주고 시간도 주고
겨울나무 가지에 눈도 쌓이게 한다.

시간이 흘러, 흘러 세월 속에서
녹아내리는 수분이 된다.
제 살을 밀어내며 꽃도 피울 줄도 안다.
그래서 사는 것이 신비하기까지 한
도시의 골목 안에서 몸뚱이만으로도
살아남는 방법을 안다.

씨앗들은, 보도블록 틈에서 생존한
씨앗들은
다시 내년 봄풀로 증명 받기 위해

겨울을 버틴다.

또다시 내 몸 안으로 숨 가쁘게 퍼지는
목숨의 알갱이들, 힘겹게 호흡을 내밀며
겨울을 이겨 낸다.

눈의 명상
- 족보를 생각하다

나는 지금 국경을 넘는다.
밟히면 발자국으로 남는 나라
해가 뜨면 흔적도 없이 지워지는 나라
나는 지금 나귀를 타고
조선으로 들어간다.
짚신만으로도 살아 있는
백성들의 발가락.

옛날 옛적에 우리 선조는
아마 쇠를 담금질해 칼날을 세우고
있었는지 몰라.
우리 족보는 그 칼날에 베어
발갛게 떨구는 부끄러움
두서너 개쯤은 있었을 것이야.
난 그 부끄러움을 분해하기 위해
조선에 왔지만
이곳엔 뿌리 없는 눈만 내린다.

혹 나도 몰라 뿌리 없이 살아온 눈물일는지.

2부

삶을 생각하다
– 잡으려 하면 늘 비켜 가는 연기煙氣, 실체일까 관념일까

증명

아직 나의 왼쪽 심장이 뛰고 있다는 것은
살아있다는 것에 대한 증명일까.

그래도 미덥지 못해 주민등록 등본을 떼어
확인해 보고
이름 세 글자에 발갛게 도장밥이 간
삶을
한참 동안 바라보다가
350원으로 교환된 증명서를 들고
동회를 빠져나오며 웃는다.

살아있다는 것을 증명 받는다는 것이
너무도 신기해
몇 번이고
펼쳐 확인해 보는 등본 속에는

350원의 가치로 내 삶의 흔적이
저당 잡혀 있었다.

선유도 仙遊島
- 군산에서 45km 떨어져 있는 노을이 가장 아름다운 섬

어둠을 건다.
못에 걸린 어둠에 묻어 나오는
오늘 다 못다 분 바람.... 뒤척이는
파도를 빠져나오며
꽃게가 긴다.

선유仙遊여관 반쯤 열린 창으로
기어가는
꽃게의 굽은 등이 시려 보이는 것은
어둠이어서일까, 늘 이렇게 살아와서일까
창으로 빠져나가면 곧
익사하고 말 것 같은
절망을 집고 기는 게 옆에 서성이는
이곳 사람들의 표정 없는 저녁이
장자도莊子島 어깨에 걸린 노을보다
깊이 들어앉는다
생솔가지 지피며 눈물 닦는 굴뚝은 보여도
이곳 사람들의 목소리는 하나도 들리지 않았다.
송충이는 솔잎을 먹고 사는 것을
잘 아는

너무도 잘 아는 사람들은
종일 갯벌에서 옆으로 도망치는 게를 잡고
두 손가락 깊이 넣어 낙지 몇 마리 끌어 올리곤
쓴 소주 몇 잔 노을만큼 삼키며
바다, 바다만 생각하기로 했다.

목소리 큰 사람들은 모두 도시서, 도시서 와
이곳 사람들의 굽은 등을 훔쳐보며 웃는다.
웃는 목소리도 크다 웃는데
눈물이 난다
애써 웃으면서 선유도의 아름다움을 팔았다

선유여관 못에 걸린 바다가, 섬이 뒤척일 때마다
이곳 사람들과 마주쳤던 그 검은 눈동자
생각하며 눈을 감았다
이렇게 잠들기에는 너무도 눈물이 나는
이곳 사람들의 굽은 웃음이 노을들 등지고 걸어올 때
나는 알 것 같았다
낙조落照가 아름다운 곳일수록
주름은 더 깊이 패여 오는 것임을

목소리가 큰 섬일수록
묵묵히 배를 띄우며 바다로, 바다로 나가는 사람들을

수 톤t급 꿈을 깊고 이으면서
오늘 바다에 배를 띄운다
파란 실핏줄 도는 허벅지가 유난히 눈부신
도회지 여자들의 꿈이 아닌, 그리움이 아닌
이곳 사람들의 두 팔뚝에 묻어나는 갯흙은
고마운 피가 되는 것을, 눈물 나는 밥이 된다는 것을
소금기 배어 쓰라린 두 다리로 갯벌을 기어 나오는
이곳의 여자들도 갯벌만 생각하는 것일까

어둠을 단단히 못에 걸고
이불을 폈다
파도 소리는 아직 남아 선유여관 앞으로 몰려들어
내 몸을 적셨다
무엇인가 남은 것을 울먹일 듯한 소리로

유난히 석양夕陽이 아름다운 선유도를.

제주도
- 살아가다가 문득

하늘 한 번 쳐다 볼 시간도 없이
살아왔다며
그런저런 핑계를 대며 제주로 떠났다
나처럼 시선 받지 못한 바람이
아무렇게나 버려진 빵 봉지 근처를
기웃거린다
바시락거리며 괜히 툭툭
건드리기까지 한다
난 빙그레 웃으면서 나 같은 놈이 또 하나 있음에
가슴 따듯해 온다
멀리 떠나지 못하고 주위를 맴도는 것까지
닮아서 눈물이 날 것 같다

너무나도.

저 빈 빵 봉지와 주소를 잃고 방황하는 바람이
나를 닮아서
너무나도
나를 닮아서

위로가 된다.

위로가 된다.

용기가 난다.

제주도에서

겨우

빈 빵 봉지와 바람만 봤을 뿐인데

전라도

전혀 다른 게 없잖아
그런데 왜 눈물이래

봄이 와 ~
아!
그곳에도 "으메 봄이 왔소 잉"
까칠한 어머니들의 손 등성이에
청보리 까실한 살빛바람
흩어지는데
그런데 왜 사무침이래

외투 깃에 남은
겨울바람
낯설고 막막한 땅에 남아
꼭 추위로 불어야 하나

무슨
서슬 퍼런 낫에조차 베어지지 않는
무슨 놈의 핏발 세울 일이라고

밤에만, 밤에만 모여
분명한 핏자국을 내는가

대竹가 피를 먹어서일까
피가 대竹를 키워서일까
휘청이면서도 야윈 모습이면서도
질기디 질긴 정신을 쪼개고 있다

삶
- 알을 생각한다

배고파 술집을 찾아간 우리는
배고픈 시간을 밥 말아 먹고 싶었지만
김밥처럼 말리지 않는 허기를 소주잔 채
들이켰다.

종로 피맛골 골목의 바람이 생채기 난
웃음으로 기웃거릴 때
구수한 사투리로 인사하던 문창과 우리 후배
전라도 영광 황토마당서 올라와 서울서 공부하는
우리 후밴 그래서 또 한 잔
부산 누님이 버는 돈으로 공부를 한다며 다시 한 잔
완월동 밤거리에 피어난 꽃이라며 길게 한 잔

가끔 가정방문하는 선생님에게
밭으로 일 나간
부모님을 대신해 부끄럽게 선생님 주머니에
계란 그 하얀 알을 넣어주고 달아나던 우리 누난
풍년초처럼 무리져 피어 빛나던 들꽃 같았는데 라며
긴 한숨 섞어가며 또 한 잔

<

우린 웃음만큼 눈물도 많이 마신다.
우는데...
우는데 왜 웃음이 날까

소래 포구의 작은 싸움
- 불도저에 포구, 수로가 막힌 소래 사람들은 다시는 바다로 나갈 수 없었다

배꽃 하얗게 떨어지던
그래 기막힌 영화의 한 장면으로만
생각했던 소래포구엔
강제로 빼앗긴 웃음들이 정박해 있다
죽어도 생선이기를 고집하는 소래포구의
사람들은
파닥이다가 파닥거리다가
이내 눈물을 소주에 절이고 있다
벌써 몇 달째 바다를 잃고
섬처럼 떠도는 이곳 사람들은
서울서 내려온 불도저, 포클레인에
배꽃처럼 날리는 작은 항변해보지만
밟고 가면 떨어지고 마는 꽃잎에 불과했다
밤새 하얗게 걱걱이며 부르짖던
내 바다와, 내 수로水路에 포크레인 흙 밀어 넣은 서울
서울 사람들은
3백 촉 불빛 밤새 켜 올리며
바다를 잘라냈다.

<

사람들은 이 작은 포구의 항변을
아주 작은 소란이라고 기록했다.
새벽까지 남아 소금기 밴 바람 맞으며
가슴을 절이고 눈물을 절여도
새벽꿈 피어나지 못했다.

걱걱 거리며 토해내는 삶의 울분을
밤새 뒤척이며 오는 거대한 분노를
이들은
아주 작은 싸움의 기록에 불과하다고 썼다.

그 사이, 밤사이 새벽녘 기다리지 못하고
떨어진 배꽃 잎이 시든다.

포구 뻘 위로 서서히 고개를 내미는 아파트 철골들

엄마의 설거지

6형제 중에서 막내로 태어난 난
매 식사 때마다 차려주는 엄마의 밥이 싫었어.
엄마가 차려주는 밥그릇엔 항상 고춧가루가 묻어 있었어.
가끔 숟가락 뒤에도 덜 닦인 것들이 묻어 있었어.
밥 때가 오는 게 싫었어.
엄마가 차려 준 밥상에 늘 짜증을 냈어.
나직한 음성으로 "밥 먹자"고 하면 그 목소리
뒤에 꼭꼭 숨어버리고 싶었어.

그런데, 그런데 말이야
아내의 설거지 그릇에서도 고춧가루가 묻어났어.
아내의 뒷모습에서 엄마가 보이기 시작했어.

그제서야, 난 알았어.

엄마의 밥그릇에 묻은 고춧가루는
엄마가 살아온 세월이었고
삶의 전부이었다는 것을.

아버지

1.
내가 눈을 떴을 때
쏟아지는 찬란한 햇살 눈부심 한가운데는
아버지의 헛기침 소리가 있었다.
그때서야 나를 깨운 건 햇살이 아니라
아버지의 부지런함, 인줄 알았다.

덜 깬 눈으로 비로소 문을 열자
마루 끝을 타고 올라오는
감자잎, 새파란 감자꽃들이
6월의 싱그런 바람 앞에서 나보다도 먼저 깨있었다.

2.
내가 눈을 떴을 때
콸! 콸! 콸!
쏟아지는 물살 가운데는
아버지의 잔 삽질 소리가 있었다.
그때서야 나를 깨운 건 빗소리가 아니라
밤새 도랑을 내고 있던 아버지의 근심인 줄 알았다.

<

솔가지 지펴 눅눅함을 말리는 연기, 이슥하도록 돌아
오지 않는 아버지.
마루 끝에 걸친 채 오랜 기다림의 대문 위로는
시커멓게 버티고 있는 은행나무, 그 안엔
은행들이 별처럼 총총히 박혀 있었다.

3.
내가 눈을 떴을 때
사그락, 사그락 새벽꿈을 꼬고 있는 가운데는
아버지의 몰아쉬는 숨소리가 있었다.
그때서야 나를 깨운 건 새끼 꼬는 소리가 아니라
잠들지 못하는 아버지의 잔기침인 줄 알았다.

겨우 눈을 떠 모로 누워 아버지를 보았을 때
활처럼 휘어버린 아버지의 등 뒤로
언제 꺼질지 모르는 촛불이 불안하게 지키고 있었다.

4.

내가 눈을 떴을 땐

기다리다, 기다리다 지쳐 깨어난 나 혼자뿐이었다.

그때서야 날 깨워줄 햇살도, 물소리도, 새끼를 꼬는 소리도

없음을 알았다.

없다는 것을 알게 된 두려움보다도 더 날 힘들게 하는 건

점점 지워져 가는 아버지의 기억이었다.

내 기억이 또 다른 기억으로 희미해져 가는……

그리고 내가 아버지가 되어 가고 있었다는 것을.

가로등

길을 간다.
늘 똑바로 갈 수 없기에
흔들리면서 간다.
깨어진 녹슨 가로등의
아!
저 작은 목숨
이제 잠들면 깨어나지 못할 숨결
저 소리
달그락 칙, 달그락 삐거덕
지친 소리로
내 머릿속에 소복이 쌓여오는
바람, 숨결
먹구름에 가린 달빛만큼
암담함으로 움직이는
네 생명은
이 골목에 남아 내 의식이
빠져나갈 때까지
내가 이 골목에서 멀어질 때까지

핏기 어린 기침으로 고꾸라지고 있다.

귀로

어디로 가고 있는 것일까
낮아진 수은주만큼 둘러친
몇 겹의 옷들 속에서
오늘도 안녕을 외치며 올라탄
전철 안에서
또 낯선 사람들과의 어색한 눈 맞춤
그리고
시간을 때우기 위해 두리번거릴 때
저녁은 배달된 신문 활자 속에서
피곤을 피워 올리고 있다.
"미국산 소고기 광우병" "그걸 믿어"
적당한 시간 속에서 또 다른 낯선 이들이 탔다가
그 출구 밖으로 사라지고
부끄러움과 절망을 확인해 볼 틈도 없이
전철은 또 달린다.
생각할 여유도 주지 않고 내려진 전철역에서
황급히 내일 아침을 송환하는
오늘 숨 가빴던 절망들이 역 계단 위에서

또 다른 내일 아침을 애써 상기시키고 있다.

거리의 하나님

영하 20도의 강추위 속에서도
하나님은 온다.

가끔은 하나님도 안보일 때가 있다
몸이 아플 수도 있고 꾀가 나서 안 올 수도 있다
그렇다고 꼭 내가 하나님을 기다리는 것은 아니다
어떨 때는 전업한 채 오는 수도 있다

내가 알고 있는 강씨도 폐암이 걸린 이후엔
극성스럽게 더 기다린다.
강씨의 하나님은 폐암 속에 들어가
암세포를 제거하고 새살을 돋게 할 수도 있다
또 내가 알고 있는 창기 놈은
떠나보낸 첫 애인의 아픔을 하나님과 상의해
또 다른 애인을 하나님을 통해 만나려고 한다
그 이후 놈은 십자가에만 매달린다.

섭씨 35도의 폭염 속에서도
하나님은 온다.

더군다나 간절한 사람에겐 더욱 자주 온다
하나님도 지칠 때가 있고 모든 사람을 찾아보지 못할
때도 있다
그렇다고 꼭 내가 하나님을 와달라고 그러는 것은
더욱 아니다
매일 아침 명동 성당 앞에서 만나는 다리가 불편한
하나님은
노래를 한다
성령이 충만한 사람들은 은전과 지폐로
보답한다
가능하면 트로트를 부르고 이들의 눈빛과 마주쳐야
돈이 된다는 것을 너무도 잘 아는
그래서 가능한 더 슬픈 노래로 은전과 지폐를 기다린다.

종로에도, 명동에도, 영등포에도
모든 거리에 쏟아져 나온 하나님은
1백 원짜리, 5백 원짜리 은전으로
혹은 오천 원, 일만 원의 지폐로 부활을 기다린다.

아우슈비츠 수용소, 소녀의 깨진 인형을 생각하다

아우슈비츠 수용소엔 예고도 없이 비가 내린다.
18C 어느 후미진 폴란드의 뒷골목에서나 걸어 나올 법 한
검은 바바리와 덥수룩한 수염이 잘 어울릴 것 같은 7월 어느 스산한 아침.
누구에겐가 한 잔의 에스프레소 커피를 건네고 싶을 만큼의 적당한 무게로
비가 내린다
내가 좋아하는 강성창 시인은 비가 내리는 것을 보고 피가 내린다고 했다
지금 세상에 내리는 비는 비이지만 지금 이곳에 내리는 비는 피이다.
죽음으로 안내하던 철도는 그때도 지금처럼 잘 닦여 반짝였을까
돌아가려고 손 내밀어도 돌이킬 수 없는 평행의 철로.
캐나다 드림에 젖어 150만 명의 들뜬 발걸음들이 꿈결처럼 내려졌을
브제친카, 제2 수용소 역.
그때도 지금처럼 비가 왔을까

브제친카 4블록 1층 6호실에 전시돼 있는 '머리가 깨진
인형'의 주인인 소녀도
플랫 홈에 내려졌겠지
그 무서운 공포를 인형에 의지하며 아무것도 모른 채
엄마의 손을 잡고 들어갔을 것이다
샤워실의 물이 쏟아지기만 바랐던 소녀의 파란 눈.
물줄기 대신 질주하듯 쏟아지는 '사이클론 비(B)',
독가스가 피처럼 내렸을 것이다.
"엄마 무서워, 빨리 나가자 응!"
"아가! 다음 세상엔 꼭 유대인으로 태어나지 마. 알았지"
잠시 눈을 감고 슬픔을 애써 목젖 아래로 밀어 넣는다
죽음의 플랫 홈. 그 밟혀 깨진 인형과 푸른 눈의 소녀는
어찌되었을까.

지금은 다만 비만 내린다.
지금은 다만 들뜬 관광객들의 발걸음 소리만 바람처럼
돌아다닌다
지금은 머리가 깨진 채 전시되어 있는 손때 묻은 인형엔
관심이 없다

그저 150만 명 죽음 중에서 또 한 명이라는 듯 무의미
하게 7호실로 이동한다
이들의 등에 떠밀려 나도 7호실로 간다
6호실과 멀어질수록 더 선명해지는 소녀의 깨진 인형.
아프다. 그냥 아프다. 숨쉬기조차 힘든 알갱이들이 목을
조여 온다
저 인형의 주인인, 소녀는 이제 칠순이 넘었겠다
저 깨진 인형도 이제 환갑이 넘었겠다

나도 이들처럼 150만 명 중에 한 명의 죽음으로 생각
하면 되는데
저 인형의 소녀가 더 선명하다.
150만 명의 죽음, 그 머리를 잘라 만든 카페트와 가발을
보며
놀라워하면 안 되는데
150만 명의 신발과 가방과 옷은 영혼으로부터 빠져나와
구겨진 채로 전시되어 있다.

나는 6호실 소녀에 계속 머물러 있다.

소녀는 울었을까, 공포에 질려 울지 못했을까.
처음엔 웃었을까. 캐나다로 가는 부푼 꿈에 젖어서
적어도 플랫폼에 내리기 전까지는…….
최소한 인형의 머리가 깨지기 전까진……..

하와이 아리랑
- 사탕밭의 블루스

그리웠을 것이다
아니 외로웠을 것이다
낯선 야자수와 흙내음 바다마저도 낯설게
몸서리치며 뒤척거렸을 것이다

사방이 온통 바다이어서
파도 소리를 끌어안아야만
그럭저럭 잊을 수 있었을 것이다
쓰라린 정신을 위해서라도
끈적이는 사탕 밭에서, 고향을 베어내야
겨우 잊으려 했을 것이다
시간을 세면서, 혹은 애써 기억을 지우려 했을 수도.

그래도 희망이었던 것은
매일 동쪽에서 뜨는 해 쪽을 바라보면서
상상했을 것이다
새벽마다 태평양에서 몰려드는
젖은 바람에 혹 고향 냄새가 있기를
<

그 그리움을 모두 끌어안고
그렇게 1년. 10년. 100년

지금은 다만 서툰 모국어의 그리움으로
이마 위로
또 해가 뜨기를 기다리는 일뿐.

3부

아모Amo 아모르Amor 그 서정적 자아抒情的自我

사랑이라는 이름으로 (I love-bug)

너의 달콤한 키스에
마지막이 되어도 좋다
내 호흡이 끝나는 순간에도
너를 목젖에서만 느낄 수만 있다면.

한 번쯤은 그대의 유혹에 포로가
되고 싶다
알면서도 당신이 타 놓은 사랑의 사약 앞에서
죽어도 좋았을 것이다.

사랑이란 이름으로
뜨겁게 날아드는
접속, 접속.
부서져 해독되지 않는
사랑의 파편들.

* 이름만 사랑스러운 악명 높은 바이러스(2002년 전 세계를 강타한 컴퓨터 바이러스)

그게 사랑이다

사랑해 당신을
정말로 사랑해

〈여자들이 합창을 한다〉

당신이 내 곁을 떠나간 뒤에
얼마나 눈물을 흘렸는지 모른다오.

〈합창인데 솔로처럼 파고 든다〉

예예예~ 예예예예예예예
예예예~ 예예예예예예예

〈같은 목소리를 내는데 유독 한 사람의 목소리 만 들린다〉

그게 사랑이다.

희미한 거리에서

닦고 나면 다시 가려지는 것은
시간 때문일까.
또 적당한 간격으로 윈도우 브러시
닦고 나면 점점이 찍혀 내리는 그리운 흔적들.

거리는 온통 힘없이 내리는 빗발에 흐느적이고
사랑을 잃은 사람들일수록 더 움츠러드는 젖은 어깨.

백미러 속 차들은 전조 등을 밝힌 채 조심스럽게 추억의
터널로 들어간다.

네 어깨 생머리 위로 흘러내리듯 비가 내린다
우산 없이 비 맞는 사람들과
우산이 있어도 비 맞는 사람들이
차창에 부딪혀 빠르게 빠져나간다.

거리로 빠져나와 각자의 섬이
되었을 때
너에 대한 생각은 늘

깊은 자맥질로 빠져드는 어둠 안에 있었다.

소리도 없이 도로를 빠져나가는 생각들
사람들, 사랑들
윈도우 브러시, 계속 시간을 닦아 내고 있다.

바람은

난 모든 게 그런 줄만 알았다.
바람이 부니까 부나보다.

나는 바람에 슬픔이 있다고 해서
깜짝 놀랐다
엊그제 이별한 그 사람이 내게
바람만 맞으면 슬퍼진다는 말에
바람엔 슬픔이 있구나 하고 알았다.

내가 어둠 속에서 빛을 그리워하는 것만큼
바람엔 말 못할 그리움이 있었다.

바람은 바람인 줄 알았더니
바람엔 눈물도 있고
슬픔도 있었다.

나처럼.

내일은 나도 그 사람처럼

벌판에 나가 바람 맞겠다.
슬픔인지, 그리움인지

경계
― 저녁과 어둠 사이

다시 네게로 가고 싶다.
다시 네게로 갈 수 있을까.
다시 네게로 돌아가기 위해
다시 네 내지內池를 꿈꾼다.

아무도 없다
이내 어둠만이 등허리 근처에서 방황할 때
저 혼자 출렁이는 강물. 江心
네 가슴에 기대어 잠들고 싶다
오랜 잠을 자고 싶다.

그립다. 문득 그립다.

그리움이 떠난 자리
빈 가지 사이로 묻어나는 허전들.

네가 그립다.
네가 그립다고 몇 번이고 되뇌일 때
마지막 새마저 멀어져 간다.

<

꺼-억 꺼-억

토해내는 저 사랑의 모음들

그립다. 그립다. 문득 그립다.

아니

이내 주~욱 그립다.

다시 네게로 가고 싶다

강촌연가 江村戀歌

손등을 스치는 바람에 놀라, 가을인 줄 알았습니다.
강가의 나목裸木 쓸쓸해 보여
겨울임을 확인했습니다.
강둑에 오랫동안 그렇게 서서
몰려드는 안개에 이대로 몸을 맡깁니다.
기억하고 싶지 않아
안개에 묻어두고 국도로 나왔습니다.
아스팔트엔 이미 수많은 계절이 왔다가 가고
또 왔다가 갔습니다.
계절이 바뀌면 바뀔수록 생생하게 떠오르는 것들은
촉촉한 습기로 온몸을 적십니다.

"이 밤 한마디 말없이 슬픔을 잊고져…."
국도를 따라 달리는 차 안의 익종 형의 노래
유행가는 사람보다 진실하고, 삶보다도 더 진지하기에
새벽 풍경에 와 핑경소리처럼 더욱 투명하게 요동칩니다.

이것을 희미한 옛사랑이라는 이도 있고
말 못할 상사병이라고 말하는 이도 있습니다.
<

북한강에서 한참 동안 바라보는 강촌의 풍경
익종 형의 노래 '그저 바라볼 수만 있어도'
왜 가슴이 답답해 오는지를 알 것 같았습니다.

이것을 추억이라고 말하기엔 너무도 생생한 설렘 있기에
이것을 상사병이라고 말하기엔 너무도 확실한 눈빛 있기에
그리워하기, 아름다워하기, 아니면 딱 한 번 만 눈물 흘려 주기

그 사이 강물은 표시도 없이 흘러가
반짝이는 바다와 섞일 것입니다.
가능한 한 아프지 않게, 멍들지 않게
바다에 가 섞일 것입니다.

손등을 스치고 지나가는 바람에 가을임을
달리는 차에서 듣는 익종 형의 노래로
가을임을, 곧 겨울이 올 것임을.

* 핑경: 핑경은 절 처마 끝에 다는 작은 종의 사투리. 소에 다는 방울 워낭도 사투리 핑경으로 불렸다.

나도 그대들처럼

미안하다. 아내여!
나도 박학기처럼, 햇살이 잘 드는 창가에서
노래도 불러주고, 따듯한 말 건네고도 싶었는데
왠지 햇살과 창가는 사치스러워서
달리는 지하철 칸칸이 잘리는 삶에
뛰어들어
그 꿈 이어보겠다고 악다구니 물고
뛰다가 보니

미안하다. 아내여!
나도 조용필 선배처럼
주어진 3분의 무대에서
영혼을 불태우려다 보니
시 한 구절, 커피 한 잔이
무리인 것 같아서
발끝에 모인 추위쯤은 참아가며
몇 분, 그리고 몇 십분 후에 도착할 버스를 상상하며
참으며, 기다리다 보니

<

미안하다. 아내여!
노래도, 햇볕도. 커피도
시 한 구절도
생각 안 하려고 했는데……

솔직히
그립다

조용필
박학기처럼.

너를 보내며
- 뉴질랜드로 떠나는 딸에게

그리운 사무침이라면 실컷 목 놓아
울 것이지만
내 심장의 전부여서 내 호흡의 모두여서
숨만 쉬어도 아픈 것을, 그리운 것을

너를 생각하는 것만으로도
눈물이 나서
네 사진조차 보지 못하고
먼 ~ 산, 먼 ~ 하늘만 바라보다가
이내 목이 멘다.

이런 것일까. 이런 아픔이었을까
내가 내 자식을 그리워하듯 아파하듯
그 옛날 내 부모도 날
이렇게 그리워했을까, 아파했을까.

널 보내면서 애써 웃음 지며 '화이팅!'을 외쳤지만
더 이상 말을 이을 수가 없어서……
잘 돼서 돌아오기를, 잘 커서 돌아와야 했기에

패랭이꽃 같은 너를 보내면서, 하늘거리는 널 보내면서
차마 네 이름 세 글자 목젖으로 밀어내지 못했다.

차라리 사무친 그리움이라면
달려가 외쳐보겠지만
내 심장의 전부여서, 내 호흡의 모두여서
생각만 해도 그리운 것을, 아픈 것을

지환이의 눈물

우리는 제일 먼저 나이부터 묻는다.
우리는 무엇을 하는지도 반드시 묻는다.
우리는 인사를 하면 나보다 덩치가 큰지부터 따진다.
우리는 나 보다 잘사는지 몇 평에 사는지가 중요하다.

하지만 내가 알고 있는 지환이는
제일 먼저 아픈 데가 없는지부터 묻는다.
하지만 내가 알고 있는 지환이는
제일 먼저 아픈 데가 없는지부터 확인한다.
하지만 내가 알고 있는 지환이는
제일 먼저 아픈 데가 없는지부터 알아본다.

우리는 장애인을 만나면
애써 웃음 짓는다.
우리는 장애인을 만나면
의무적인 손 내밀어 위로하려 한다.
우리는 장애우를 만나면
갑자기 목사님처럼 엄숙해진다.
우리는 장애인을 만나면
'장애우'라 애써 말하며 어찌할 바를 모른다.

<
하지만 내가 알고 있는 지환이는
제일 먼저 눈물부터 흘린다.
하지만 내가 알고 있는 지환이는
제일 먼저 등 뒤에서 꼭 안아준다.
하지만 내가 아는 지환이는
판단하지 않고 닭똥 같은 눈물만 흘린다.

우리는 왜
어떤 표정을 지을지,
어떤 말을 해야 할지부터 생각할까.

지환이는 생각보다도 먼저, 눈물부터 흘린다.
지환이는 생각보다도 먼저, 아프면 안 된다는 말부터 한다.
지환이의 눈물은 눈물이고, 진짜 눈물이다.
지환이의 눈물은 사랑이고, 진짜 사랑이다.
지환이가 흘리는 눈물은 백 퍼센트 진짜다.
우리가 흘리는 눈물은 얼마만큼 진짜일까.

* 지환이는 다운증후군의 지적장애1급의 티칭프로를 꿈꾸는 스무 살의 아름다운 청년이다.

천년지애千年之愛

몇 마리의 철새가 나무 위를 떠났다.
문득 그립다
떠난 자리 강을 배경으로 흔들리는 시간의 잔상들
그렇게 주욱 강북 강변을 달리고 있을 때
미련이 남은 철새, 다시 나무 위로 와 앉았다.
문득 그립다.
다시 네게로 갈 수 있을까?
나 네게 돌아가기 위해 네 생각 속으로 들어간다.
아무도 없다. 묻어있는 허전을 닦아 내리며
그냥 웃는다
마지막 색깔까지도 풀려 번져 오는 노을빛
발갛게 쌔빨갛게 내 눈에까지 발갛게 번지는
아! 그걸 보고 난....

어둠이 몰려오고 있다
저 어둠 속에서도 널 생각 할 수 있을까?
일 년, 십 년, 백 년, 그리고 천 년 이후에도.

4부

아이러니와 페이소스 그 삶의 부스러기들

우린 어둠을 향해

안개가 비처럼 내리는 종로 한복판서 문득 만난 네가
묻는다.
"너 돌았니?"
그러고 보니까 돈 거 같기도 하다.
도시에 있으면 가끔 진짜도
전혀 믿겨 지지 않을 때가 있다.

안개비가 내리는 명동明洞을 지나다
마주친 네가 말한다.
"너 어디 아프니?"
그러고 보니 빌딩 창마다에 매달린 가로등 빛에
확인되는 것은 내 창백한 얼굴뿐이다.

회색빛으로 등 굽은 이곳 서울에서
단지 집으로 가기 위해 아래 그 아래
지하도로 내려갔을 뿐인데
모든 꿈들은 어둠 속에서 점점 더 작아지며
손 흔든다.
<

한참을 갔을까 1호선 중동역에서 기다리던
아내마저도 웃는데 힘없어 보인다.

그때서야 알았다.
초등학교 풍향계,
방향 없이 돌아가던
그 유년이 아님을.

그리움
- 이용수 할머니의 외침

패랭이꽃, 오랑캐꽃, 달맞이꽃
풍년 초 뜯어서
뭉개고 뭉개어 짓뭉개서
코끝에 갖다 대면
울부짖으며 스며드는 그리움이다.

그 섧디 설운 추억들
움켜쥐면
다섯 손가락 사이로
풀물 되어서 흐른다.
아니 운다.

14살 해맑은 아이가 까르르
웃다가
낯설고 물선 곳에서
섧디 서럽게 운다.

패랭이꽃, 오랑캐꽃, 달맞이꽃
풍년 초

<
그에겐 아직도 섧디 서럽다.

햇살이 그립던 날 구치소에서

내가 보고 싶다는 전갈에 찾아간
구치소에는
그리움 사람들끼리, 내리쬐는 햇살 아래 모여
섬처럼 출렁이고 있었다.
할 말이 많은 듯 무성하게 자란
풀과 가을 햇살이 분주하다
아무 생각 없이 담에 기대어 섰다.
보도블록 틈새로 올라온
풀. 풀. 풀
풀 끝에 발끝을 모은 채 순서를 기다리며
여전히 두리번거릴 뿐이다.
네가 보고 싶다는 만큼의 심정으로
네 이름 목젖 안에서 겨우 끌어내
면회를 신청했다
내리쬐는 가을 햇살이 왼발서 오른발로 옮겨 갈
즈음에 호명되는 네 이름.
온기 모은 햇살 발끝에 남겨 둔 채 네게로 갔다.
차마 또렷이 쳐다볼 수 없는 서로에게
쑥스러운 표정으로, 창살 사이로 서로가 다가온다.

3분, 아주 짧은 3분의 면회시간으로는
이 늦은 가을을, 보도블록 사이에 자란 풀들을
왼발서 오른발로 옮겨가는 햇살을 말하기엔
모자람이 너무 많다.

돌아 나오며 철컥 잠겨오던 구치소의 철문에서
두 동강 나는 햇살의 비명 소리를 들을 수 있었다.
발끝에 있던 햇살에도 어둠이 내리고 있었다
구치소 문을 나설 때서야 알았다.
햇살이 그리운 구치소엔
햇살이 더욱 짧다는 것을.

구치소 문을 나서고야 알았다.
햇살이 그리운 구치소엔
햇살이 깨진 채 각자의 생채기로 빛나고 있음을.

터키, 그 그리움 안으로
- 돌궐 그 역사로 남아서, 살아남기 위해서

몇백 년 가슴 앓아 사무친 그리움이라면
몇천 년 어둠 속 키워온 눈물이라면
오늘 여기 동그랗게 밀려오는 저녁
성 소피아 성당의 종소리로 스며들고 싶다
눈물이라고 했다. 어둠이라고 했다.
유럽도 아닌, 그렇다고 아시아도 아닌
그대 외로움으로 인해
그대 가슴에 오랫동안 기대어
온기 나누고 싶다.

사랑한다. 사랑한다, 사랑한다.
수천 년의 어둠이 할렘 여인의 치마폭에서
고장 난 시계처럼 정지해 있다.

칸칸이 잘려진 어둠의 역사가 걸어온다.
치마폭에 숨겨진 어머니의 역사
멀리 이국으로 떠나는 터키 용병이 걸어온다.
졸지 않고 지켜온 모국어, 눈이 파래서 외로운 병사들
그리운 것들, 아름다운 것들, 사랑스러운 것들

<

네게로 내가 간다. 내가 네게로 간다.
수 천 년 견뎌온 외로움으로 인해
네게로 내가 간다.
몇 천 년 버티어 온 사무친 그리움이어서
눈이 파래서 더욱 외로운 그리움이어서
어둠이어서

네게로 내가 간다.
터키 그 슬픈 눈빛 때문에.

앙코르와트의 일몰
- 앙코르와트에서 가장 높은 63m의 프놈바켓(산언덕)에서

돌. 물. 나무 사이로 날아가는
새들의 일정한 비행 속으로
미국이, 프랑스가, 인도가, 한국이
하나가 된다.

조금씩 내려앉는 노을 속에서 각기 다른 언어들이
발갛게 녹아 쇳물처럼 붉어진다.

옛날 신들이 보았다는 앙코르와트 일몰
63m인 이곳에서, 하늘과 가장 가깝다는
이곳에서
한국말, 미국말, 중국말, 스페인 말들이
신이 되어서, 기도가 되어서
모두가 하나가 되어서 쇳물이 되어서
뜨겁다.

모두가 하나 되어 탄성이다.
모두가 가슴 한가운데로 내려가는
해를 본다.

<

한국처럼 직각으로 내리쬐는 햇살이 아니어도
처얼썩 뒤집히고 일어서는 파도가 아니어도
신이 잠들어 있는 이곳
앙코르와트의 태양은 낯선 나라들의 모국어를
허용하고 빨갛게 녹여
하나의 말로 만든다.

중국인이, 일본인이, 한국인이, 유러피언이
저마다 떨어지는 해를 가슴에 품으며
고요가 된다.

신이 내려간 곳에서 다시 새들이 날아오른다.
저녁이 묻어 점점 보이지 않는 새들을 뒤로하며
프놈바켓(산언덕)을 내려온다.

가슴 아래로 발간 햇살 떨어지는 순간
지뢰에 다리가 잘린 이곳 신들이 연주를 한다.
1달러만큼의 부활을 기다리며

한국인이 지나가면 재빠르게 아리랑을 연주한다.

아리랑에 감사하며 내놓은 1달러에
신들의 눈빛은 더 반짝인다.
1달러의 가치로 선택된 신의 '아리랑'

앙코르와트의 프놈바켓엔
아직도 새가 날아오르고
수많은 나라의 노래가 선택되고....
푸놈바켓엔
여전히
뜨거운 열기로 세상의 언어를 하나로 녹이고 있다.

한강을 건너며 낚시를 생각하다
- 제대로 한번 대차게 걸리기를 꿈꾸며

미끼를 던졌다.
한 번 대차게 물어줄 것을 기대하며
나름대로 네놈을 상상해본다.
바람이 불 때마다 흔들리는 찌들의 놀림
잠시 빛처럼 빠르게 네 목숨 낚아채지만

-빈 바늘뿐이다.

한참을 그렇게 바라보면
한강은 산처럼, 벌판처럼 출렁인다.
허나 잠시 산이었다, 벌판이었다가
수없이 사라지는 것들, 건질 수 없는.

-빈 바늘뿐이다.

갈 꽃 흐드러지게 날리는 날에
바람처럼 지나가는 요트 하나.
조망할 여유도 없이
찌 끝에서 흔들거리다가 빠르게 사라지는 요트

그리고 그 물결을 역류하는 물고기들.

-역시 빈 바늘뿐이다.

늘 그렇게 속아 살면서도, 늘 그렇게 살아왔기에
길게 담배 한 모금 깊게 빨아 강물로 날리면
삶은 아무리 깡다구 쳐도
한 강 저 멀리 보이는 여의도 국회의사당처럼
단단할 수 없다.

언젠가는 제대로 한번 대차게 낚아 올리고야 말겠다며
국회의사당을 향해 다시 힘차게 던지는
미끼의 허무虛無.

난 한강 다리를 건널 때마다 꿈꾼다.
놈들이 제대로 한 번 걸려들기를.
미끼만 따 먹는, 뺀질거림의 놈들을

-늘 빈 바늘뿐이지만……

<

오늘도 한강을 향해 미끼를 던진다.
멀리 조망되는 국회의사당.....

난 한강을 건너면서 대차게 한 번 걸려들기를 꿈꾼다.
상상한다. 간절하게

누드로부터의 자유
- 하영은, 누드 크로키

빵, 잠, 그리고 자유

사회면 톱, 아니면 국어대사전 속에서의 자유는
늘 정숙하게 차려입은 채
빨간 립스틱으로 마지막 입술을 고치고 있다.

보다 자유롭기 위해 치장되어지는 입술
그리고 하나씩 더 자유로워지기 위해
벗어던지는 몸
네 몸을 살짝 비껴가는 야한 가을 햇살에 튀어 오르는
가벼움
엉덩이, 가슴, 어깨를 지나서 정갈하게 정리되는 입술
그리고 네 숨겨둔 향기, 자유롭게 노출된
어둠 속의 그곳에서
30초간의 정지된 그 시간 속으로
온몸으로 전해지는 바람과 세상들의 시선

보다 자유롭기 위해 다시 바뀌는 네 자세
<

그러나 자유롭지 못한 시선들이 길을 잃고 방황한다.
온통 발가벗겨진 채로.

* 하영은: 누드모델협회 회장
* 누드크로키는 약 30초 마다 자세를 바꾼다.

노을

Ⅰ

화선지 끝에 발갛게 잠기는
깊은 생각의 주체, 가을
초등학교 하늘위로
비행기 두 대
구름 같은 연기를 그리며
황혼黃昏 속으로 감기어 가는
고요의
핵.

Ⅱ

숨결마저 분해되는
황혼 속으로
바람 몇 줄기
신경의 끝을 건드리며
깨워 풀어내는 어둠들
치열하게 대치중인
저녁과 어둠의 점이지대漸移地帶
<

Ⅲ
아!
내 살아 숨 쉬는 단 1초.

들꽃

네가 우리의 기억 속에 남아 있지 못함은
쉽게 잊어버림과 또 무엇일까?
우리의 몸을 하나씩 둘씩 채워가는 단추처럼
가슴속에서 채워지지 못하는 소홀함으로
너의 이름은 그 흔한 풀꽃으로 피어나는 것
지는 일뿐.

들판에서 피어난 소홀함으로 인해
너의 모가지를 쉽게 부러뜨리고
꺾어 길 위에 버릴 수 있는 것은
너에 대한 단순한 기억, 사랑이라 말하지 않아서일까
버려진 길 위로 차바퀴 자국만큼의 죽음으로
널브러져 있어도 슬프지 않은 것은 풀꽃이어서 일까

노른자위 땅에서 수돗물 못 먹고
사치스럽게 피지 못한 죄, 죗값으로
짓눌려, 짓이겨 풀물이 들어도 슬프지 않은 것은
예쁘게 포장되지 못한
장미 백합으로 태어나지 못한

죄 때문일까
아주 잠깐의 즐김으로만 피었다, 사라지는
몸뚱이인가 보다.

그저 너의 모습은 파란 줄기와
노랗게 피어난 꽃잎과 날다 지쳐 날아오는 꿀벌 뿐
네 향기와 이름이
우리들의 입술 끝에서 그리움을 만들어내지 못하는 것은
스스로 태어나 아무렇게나 피어난 죄 때문일까

빈 하루를, 텅 빈 방에서
그저 천정만 바라보다 잠들어 버리면 끝인
그저 쓸쓸함을 메꾸기 위해 선택하는
너
들꽃, 풀꽃.

幼年의 강
- 유익종 형님의 콘서트 장에서(들꽃 노래를 듣다가)

아무것도 아닌데
작은 바람에도

아무것도 아닌데
뒤척이는 숨소리에도

한참 동안 이대로 서 있었다.

밤새 흘러가고 있는 것은
강이 아니라
나를 잊고 살아왔던
허무한 시간들이었다.

저 밀집된 어둠 속에서 겨우 보이는
작은 빛과 소리들 속에서
어렵사리 살려낸 내가 들판에 서 있다.

거꾸로 거슬러 찾아낸 생각 속에는
밤새 출렁이며 반짝이는 별들이 박혀있다.

시간과 세월이 합치기까지 참 많은
밤이 지나갔을 터 인데

그대로인 유년은 늘 그 자리에 있다.

강둑 위
어둠, 바람소리, 들꽃
그리고 눈빛 하나

진짜 아무것도 아닌데
저 형이 튕겨내는 음표들
사이에서
생생하게 피어나는
들꽃무리

내부순환도로에서

새들도 산으로 돌아가는
중~

참 예쁘게 어둠이 내려앉는다.
북한산에 스며드는 밤은 무게도 없이 저녁에 쌓이고 있다
낮이 어둠에 스며드는 사이
푸드득, 푸드득 마지막 시간을 털어 내는
산. 새 .들
그 여운을 따라 널 바라보고 있는 사이
하나, 둘씩 들어와 불 밝히는
가로등

널 그렇게 주~욱 바라보는 사이
100킬로미터의 속력으로 달려가는
승용차 소음, 과속 그리고 경적에
생각이 흔들리고, 시간이 흐트러진다.

순간 번쩍이며 '속도 탐지기' 자연에 경고한다.

＜

내부간선도로 정릉터널을 지나며 아주 잠깐 사이
깨닫는 질서
정릉터널을 빠져나오며
매일 그대로인 산과 시간, 세월 그리고 속도 안에

밤이 새벽에 스며들고 있다.

2000, 메시지
- 압구정에서 구로공단을 떠올리다

구로공단 담벼락엔 아직도
잡풀이 무성할까.
고단한 삶을 저당 잡은 채
잠깐의 한눈도 용납되지 않는 잔업 속에서도
공단의 풀들은 건강하게
잘 자랄까,

불명의 로데오 거리
영계, 네온, 섹스, 저녁 성찬이 발기된 채
쏟아낼 곳을 찾아 헤매는
뽕밭이었던 이곳
무형의 뽕밭은 잎을 피워 쾌락의 숲을 이루고
압구정, 오렌지 "원조" "원조"를 외치는
아!.
눈물 나는 영계의 거리, 마법의 거리

구로동에서도, 압구정동에서도
똑같은 시간이 흐른다.
구로동에서도 압구정동에서도

<

똑같은 사람들일까.

구로동을 가도 삶은 쉴 수가 없다.
압구정을 가도 삶은 쉴 곳이 없다.
어디를 가도 똑같이 숨(?) 가쁘다.

―목구멍에 피 터져 나오는 단내 나는 삶의 알갱이들
―목구멍을 밀치고 나오는 절정의 알갱이들

그 숨소리 같을까,
다를까.

* 원조: 2000년 전후로 일본과 한국에서 SNS가 활성화되면서 생겨난 원조교제 현상.

청량리 블루스

이 밤
이 어둠 속에 뿌리내리느냐
서울
콘크리트 향좁에도 물기 밴 풀내음이 있다더냐
바다와 강바람도 잠들은
이 미끌미끌한 도시 속
청량리 588번지

토막 난 잠들을 깨워 세운다.
잘린 어둠과 함께
요염한 열 한 시
지하철 계단을 오르내리는
가랑이 오! 너의 수화
그들이 부르는 영미가
저녁 빈 들판으로 쓰러지는
무심한 풍경, 기억이더냐
어제의 덕순이가, 오늘의 영미로 불리는
낯선 사내를 향해
"허벅지 세일" "허벅지 세일"을

쓰러지며 낮은 소리로 속삭이는
덕순이!

"아 나라의 모든 남자는 저의 밥이예요"
드러눕는 밥
고마운 밥
"자! 오늘 밤은 피임이예요"
내 밥이
메스에 묻어나는 피가 될 순 없잖아요.

그러니 4분의 4박자로 오세요.
조용히 아주 천천히.
나는 당신의 블루스잖아요.

나는 황혼 들판에서 각혈하는
아버지의 눈물이 되고 싶진 않아요.
그러니 조용히 천천히

당신은 나의 블루스, 고마운 밥의 블루스.

서울의 맑은 하늘은 유난히 슬퍼

뭔 일인가 싶었다.
판교IC를 빠져나와
130km로 달리는
고속도로 위에
부딪칠 것 같은 남산 타워가 눈앞에 있다.
바로 뒤에 도봉산 아주 가까이
숨소리 들리는 듯, 손 흔드는 것까지
보일 듯한데

뭔 일인가 싶었다
동심을 뚝 잘라먹은 세월 뒤에
숨어있던 매연, 스모그 뒤에
숨어있던 남산, 북한산, 쏜살같이 달려
지나고 있는 한강 저 멀리
L타워 빌딩 넘어 가까이 아주 가까이
다가서는 새털구름

들리는 것 같다.
유년의 뚝섬 미루나무 숲, 여의도 버드나무

숲에 벌거벗은 하동의 웃음이

뭔 일인가 싶었다
이 맑은 하늘이
뭔 일인가 싶었다.
일 년에 몇 번뿐인 이 푸르른 하늘이

이렇게 맑고 푸르른데
왜 슬퍼질까
아주 가까이 보이는 서울
푸르고 투명함이
왜 낯설고, 뭔 일인가 싶어지는 건지

시골 노을

시골은 노을이 하나다.
서울은 노을이 수 천 개다.
고층빌딩 창마다 다닥다닥 들어앉은
노을은
각기 다른 욕망으로
뜨겁게 불 타 오른다.

시골은 노을이 하나다.
저녁 들판에서도
새들을 산으로 돌려보내는
들판 끝 산 위에도
분명 노을은 하나다.
아무 말 없이 짚더미를 태우고 있는
등 너머로 지는
저 쓸쓸함에도
시골 노을은 오직 하나다.

단지 저녁 끝에서 밥 먹으라 부르는
엄마의 노여움

사립문 사이로 쏟아져 나올 때
급하게 돌아서는 눈가에
어쩌다 노을
겹쳐 보이긴 한다.

높은 빌딩 수백 수천의 창窓에
단 몇 분간이라도
더 끌어모으려는 황금빛 노을
그 욕망의 열기로 불타오를 때

분명한 것은
시골 들녘, 강둑 너머로
지는
노을은
딱 하나다.

산山

山
山넘어 山이 있다.
山뒤에 또 山이 있다.
깊은 山속에 또 깊은 山이 있다.
그 깊은 山속에 사람이 산다.

山.
사람.
참 깊다.

신륵사에서

남한강 물빛 위로 하루가 저문다
강모래 가슴마다 찍혀오는 추억들
겨울은 이내 신륵의 풍경 안에서 저무는가
고요는 아직
고찰의 향기로 남아
저녁
둥그렇게 밀려드는
종소리로 쌓인다.

남길 것 하나 없이 비워두고
빈 풍경으로 남아 출렁이는
나목이 되었을 때
부끄러운 것들은 하나씩 둘씩
여주 江 신륵에 와 반짝인다.

몇 번씩 돌아눕고 돌아누워
뒤척이다가 이내
송두리째 몸을 던지는 것들
어둠.
시간들.

2023년 THE HEAVEN
- 신의 이름으로 축복하소서

아주 작은 소리들까지 조심스럽게
까치발로 어둠을 확인한다.
밤새 숨죽여 온 불안과 좌절
공포들까지도
지칠 줄 모르는 은빛 새벽 앞에서
부서져 안부가 된다.

2023년 1월1일 대부도 아일랜드
THE HEAVEN 새해 첫날에
그 간절했던 기도가 빛나 반짝이는
순결함으로 새벽을 열고 있다.

새벽은 항상 먼 하늘부터 밝히고 나서
비로소 우리의 발밑을 밝혀온다.
더 이상 조급해하지 않으며
오랫동안 그대를 바라보며
사랑해야 할 것이다.
아일랜드 THE HEAVEN
어제의 절망 밀어내며

솟아오른 저 태양
그 천국의 끝에 닿아 안도한다.
아주 작은 바람소리까지도

지금 바로 여기에
첫 태양 떠오르는 중.

연작시
− 버리지 못해 다시 쓰는 미련한 시

그리운 암각화 1

천연색이었으면 어땠을까.
흑백의 역사가 지나온 시간을 배경으로 누워있다.
사슴, 호랑이, 고래 혹은 상징적인 것들이
꿈속에 이어지는 새벽안개처럼
희미한 것들이다
천년을 두고 아니 만년을 두고도
새겨 넣었을 그리움일게다.

총천연색이었으면 어땠을까
서로의 각인된 그리움들이
피빛이었어도
그 사랑 여전히 뜨거웠을까.
잔허리 깔고 이미 어둠으로 누워있어도
검은 바위에 새겨진 고래, 호랑이, 사슴
그 상징적인 것들은 더욱더 선명한 것이어서

천년을 아니 만년을 살았어도
너
계속 흔들리지 않은 그리움이었을까.

<
아직도 그 온기, 37도의 체온으로
남아 있어서.

그리운 암각화 2

며칠째 비만 내렸습니다.
기억하지 못하므로 어둠 안에 다
묻어 놓기로 했습니다.
새벽마다 깨어나는 그리움만으로도
왜 가슴이 답답한지를 알 것 같았습니다.

이것을 세월이라고 말하기엔 너무도 생생하기에.
뒤척거리는 기인 시간 안에
째깍, 째깍 살아나는
당신의 마지막 눈빛으로 인해

이만큼 흘러 각인된 세월 속에서도
그 눈빛
겹겹이 일어서 사라지지 않는 흰 포말과 같아

아무래도 오늘 밤은 계속해서 뒤척거릴 거 같습니다.
가능한 바다와 섞이지 않게, 지워지지 않으려고
아프지 않게, 멍들지 않게
<

조심스러운 그 사랑의 알갱이들.

그리운 암각화 3
- 그 그리움 안으로 들어가기

꼭 비가 내릴 것 같았습니다.
하지만 기다리던 비는 이내
귀가하는 허전함에 묻어버렸습니다.
촉촉함 없이 살아간다는 것이
사랑하는 것보다 더 힘듦을
넘어가는
어둠 안에서 깨달았습니다.

텅 비어있는 이 도시
비워져 버린 서울 빌딩 숲
허전한 시야 메꾸려 조망되는
빌딩콘크리트 사이에서 그래도 살아 있는
풀 한 포기
화석보다도 더 강렬했습니다.

그 강렬함 남기지 못하면 살아남을 수 없음을 알기에
예리한 끌 하나 세워
피보다 선명한 숨결 하나 각인해 봅니다.
<

그래도 미덥지 못해 돌아오는 길
돌아보며
뒤돌아보며
잡지 못한 마음, 떠도는 바람 앞에 서성거려 봅니다.
그래서 불안입니다.
삶은 또 초조입니다.

천년을, 만년을 그렇게 살아온
저 어둠 속에서 어제도 그랬듯이
오늘도 그랬듯이 내일도 불안입니다.

도시. 빌딩. 숲. 바람.
그리고 수많은 시간과 세월들이
언제 쏟아질지 모르는 먹구름 앞에서.

사랑은 여전히 불안입니다.
삶은 그래서 더 불안입니다.
깊은 잠을 끌어안지 못하고.

그리운 암각화 5
- 꿈, 기운

겨우내 토실토실해진
하얀 살을 뽑아 올려 헹군다.

제법 빨라진 물살에 눈부신 흙과 잔뿌리

시선보다도 빠르게 씻겨 나가는 시간들은
미처 기억을 빠져나가지 못한 채
짓눌린 채로 흙탕물의 무게로 자갈들에
부딪치며 깨어난다.

시간은, 삶은
그렇게 빠르게 흘러

봄 햇살
여름 안개
가을바람
겨울 눈발에

쌓이고 쌓여

<

다시 하얀 속살을 뽑아내는

봄으로

선명한 채로

또 하나의 나이테로.

그리운 암각화 6

우리들의 정장
―우리는 가끔 포르노를 생각하지?

뒤늦게 시작한 대학원 수업이 낯설다.
의무감으로 들여다보는 교재 속엔 자간 사이에
무자비하게 강물이 흐른다.
숨죽인 채로,……
강의실에서 즐거운 상상을 한다.

강의 시간이 되면 딴 생각이 먼저다

문득 스쳐 지나가는 포르노그래피!
짜릿하다. 전율이다.

플라타너스 잎 끝에서 전해오는 6월의 바람.
살갗을 건드릴 때마다 솟아오르는 프르노그래피!

자위하듯 느껴지는 오르가슴, 그 숨막힘의 호흡 들
<

말쑥하게 차려입은 정장들이
멀쩡한 눈동자, 정신들이
분명히 벗기고야 말겠다는 욕정들을
상상하며 한껏 즐기고 있다.

지금 점잖은 정장들 머릿속에서
노랑, **빨강**, 파랑으로 엉켜
괴성과 상상 사이에서 몇 번씩 오르내리는 절정.

그 사이 – 사이– 사이
다시 넥타이 고쳐 매는 점잖은 정장들.

아무 일도 없었던 표정으로 젊잖게, 아주 젊잖게
마지막 엑스타시를 즐기는, 슬로비디오로 음미하는 절정.

전혀 아무렇지 않게
늦은 밤 강의실을 **빠져나간다**.

꿈 I

진력나는 밤이었다.
아무것도 보이지 않았다.
그래서일까 꿈을 꿀 수가 없었다.
그곳엔 다만 비가 내렸다.
빗소리에 빼앗긴 꿈만 생각했다.
떠내려가는 소리가 빗물이려니 했다.
쓸려 가는 것이 어둠이려니 했다.
이 비 끝나면 화창한 살빛 바람
몰려오려니 했다.
어둠과 빗소리와 쿵쾅거리는 불안들, 골똘히
생각해보니 꿈이었다.
밤새 흘려보낸 빗물이 내 꿈의 일부이었음을 알았을 때
아침은
눈부시게 이마 위에서 강렬하게 쏟아진다.

아직도 남은 빗물이 어둠 일부에 남아
아침을 깨우는데
그 꿈에서 벗어나지 못하고 또 꿈을 꾸고 있다.

꿈 Ⅱ
- 난 나의 여자와 새벽 기차를 타고 싶다

난 나의 여자와 새벽 기차를 타고 싶다.
소리마저 잠든 새벽 플랫폼에서
덜 깬 목소리로 인사하는
아직 이른 아침의 수런거림을

당신이 꾸고 있을 꿈의 맨 끝 계단에서
지금쯤 일어날 준비를 하는
이 시간에 이미 나는
난 나의 여자와 기차를 기다린다.

살아가는 것은 늘 떠났다 돌아오는
숨 가쁜 기차와 같은 것이어서
언젠가 다시 돌아올 것을 알지만
오늘 난 나의 여자를, 기차를 기다리면서도
졸리지 않다. 하나도

난 잠시 후 나의 여자와 떠날 플랫폼에서
함께 싣고 갈 설렘도 준비 중이다.
그리고

넉넉한 아침 햇살이 들어앉을
가슴 일부도 비워 뒀다.
플랫폼 낡은 스피커에서 갑자기 흘러나오는
철 지난 유행가마저 흥얼거리면서

난 나의 애인과 기차를 탈 것이다
어둠이 새벽과 만나 수런거리는
이른 아침에.

꿈 Ⅲ
- 조용필 선배의 꿈을 듣다가

바다가 보인다.
하얀 파도 포말로 부서지는
해안선을 따라 날아드는 새
그렇게 쭈그리고 앉아
바다가 끝나는 수평선 바라본다.
바람을 맞아서일까 바람을 빠져나오는데도
외롭다.
외롭게 피어난 꽃 위에 겨우 한 마리 날아드는
나비
이 시대의 피어난 꽃향기는
콘크리트 벽에 부딪혀
독한 꿈 뿜어내는 꽃 이름은
콘크리트 장미, 콘크리트 팬지꽃
그리고 또 콘크리트 꽃들, 꽃들

혜화동 마로니에 공원에 있는 단 한그루의
마로니에 나무 아래서
불란서 향기 쫓아가는 10대, 20대
뒤에

가끔은 등 굽은 70대의 오후가
벤치에 의지한 채 졸고 있다.

우리가 진짜 꾸는 꿈은

아리랑 소나타 Ⅰ
- 김철웅 탈북 피아니스트의 아리랑을 들으며

북에서 철썩하면 남에서 쏴아 한다.
갈등의 알갱이들이 높낮이가 다른
음표로 제각기 튀어 오른다.

그대 내 안에 와 따듯하게 섞일 수 있을까.
불안이다.
작게 크게, 빠르게 느리게 엄습해 오는
너는
거부할 수 없는 숨결이다.

아리랑 아리랑 아라리요
벌써부터 눈물이 나오면 안 되는데
음표보다도 빠르게 젖어드는
가슴이, 심장이 뜨겁다.

북에서 온 당신의 손끝에서
쏟아져 나오는 아리랑이기에
더 붉다.
남쪽의 사람들은 잠시 머뭇거리다가

이내 마음 고쳐먹고
아리랑을 따라 부른다.

남에서 처얼썩 하면 북에서 쏴아 한다.
낯설음의 알갱이들이
때로는 강열하게, 때로는 부드럽게, 때로는 뜨겁게
내 안에 와 예고도 없이 섞이고 있다.

당신의 손끝에서 끝나가고 있는
맨 마지막 부분의 아리랑 소나타에서
용기가 나지 않아 박수 치지 못했다.
끝내

통일이 별건가. 아리랑 하나면 되지.

아리랑 소나타 Ⅱ
- 김철웅 탈북 피아니스트의 연주를 들으며

매 갈퀴처럼 빠르게 그러나 부드럽게 내려 앉아
음을 쪼아대는 네 손은 사랑도 그리움도 아니다.
심장에 와 몇 번씩 울먹였을 그 슬픔 모두
견뎌 내야 했기에 더 빠르게 그러나 더 부드럽게
부서져야 했다.

고운 눈가에 쏟아지는 눈부신 햇살 밟아가며
그대들에게 들려줄 사랑의 소나타가 아니어서
미안할 따름이다.
견딜 수 없는 그 외로움이 먼저여서
매의 눈으로 강렬하게 그러나 힘을 빼야 건반에
내려앉을 수 있어서 더 부드러워야 한다.

내려앉는 흰 건반 위로 하나씩, 둘씩 갈매기가 난다.
다시 날아오르는 흰 건반 위로 끄억, 끄억
파랑새들이 춤을 춘다.
웃음보다 슬픔을 더 많이 닮아 있는 어머니 표정으로
춤을 춘다. 그 한, 그 슬픔 섞으려고 연주를 한다.
<

우리처럼 갈라진 흰 건반과 검은 건반 섞으려고
애써 슬픔을 더 높여 본다.
아무리 아름다운 햇살, 그대 사랑으로 그리려 해도
견딜 수 없는 그리움이 먼저여서
심장에 와 계속 울먹이는 내 어머니, 아버지의
음音으로 파랑새가 날아든다.

한두 시간이면 갈 수 있는 것을, 반나절이면
다녀올 수 있는데.
같은 소릴 못 내는 흰 건반과 검은 건반을 닮아 있어.

아리랑, 아리랑, 아라리요.
새야, 새야, 파랑새야.

중심 I
– 브루나이행 비행기에서

한국을 떠나
날아오를 때는
비행기 모니터 지구본
남서쪽 끝에
브루나이가 있었다.

브루나이를 떠나
날아오를 때는
비행기 모니터 지구본
동북쪽 끝에
한국이 있었다.

중심은
바뀌는 거다.

중심 Ⅱ
- 그래도 살아가겠지

지금까지 모든 게
다 나를 중심으로 돌아가는 줄
알았어.
아장거리며 달려오던 큰딸과 작은딸이
빙긋 웃으며 저녁을 준비하는 아내도
다 나를 중심으로 돌아가는 줄
알았어.

매서운 겨울이 지나고
파릇파릇하게 올라오는 풀잎조차도
나를 위해 돌아오는 봄인 줄
알았어.

그런데, 그런데 말이야.
내 아버지와 어머니 떠난 그 자리에 서서
하늘을 보니까.
모두가 밀려나고 있었어.
어느새 내 딸들을 중심으로 세상은 돌아가고 있었던
거야.

<
내 가을은 이미 급하게 나뭇잎을 떨구고
길고 길다는 겨울밤도 잔기침 몇 번에 새벽이야.
봄나물 캐러 들로 나갔던 봄처녀들은 이미 흰머리야.
단지
저물도록 뛰놀던 유년의 추억만, 늙지 않고 서성거릴 뿐.

세상은 이제
낯설고 뜻 모를 신조어를 쏟아내는 내 딸과 딸을 중심으로
힘차게 돌아가고 있었어.
순간 잔기침과 관절의 작은 삐걱임으로도
중심이 이동하고 있음을 간절하게 알겠더라구.
이젠 내가 없어도 세상은 걱정 없이 중심을 잡을 것이고
이 땅의 자전과 공전은 계속 반복할 것이고.
단지
나를 중심으로 돌아가던 세상이 나를 궤도 밖으로
밀어내고 있을 뿐.
<

나를 중심으로 영원할 것 같았던 세상이
그 작은 초침 하나 못 이겨 내고 나를 밀어내고 있는데
내 아내와 내 딸과 딸이 궁금해서 너무도 궁금해서
눈감지 못할 것 같은데……

눈 감으라고 하면 그 추억 때문에 눈물 날 것 같은데
아내와 내 딸과 딸의 내일이 보고 싶어 미칠 것 같은데

내가 이 세상의 중심이 아니어도
그래도 세상은 잘 돌아가겠지.

나를 중심으로 돌아가던 세상이
저 작은 초침에 점점 밀려나고
있는 중.

해설

□ 해설

- 생의 이면(裏面)과 '사이'의 시학 -

전 해 수 (문학평론가)

　이종현 시집 『사람, 그리움 그 사이로』는 등단 이후 시인이 삼 십여 년에 달하는 시간을 어떤 방식으로 살아냈는지를 첨예하게 보여주는 시편들이라 할 수 있다. 무수한 계절을 오가며 삶의 파편으로 남은 것은 시인에게는 '그리움'으로 적시(摘示)되는 감정들인데, 이 그리움은 시인이 실제 겪은 경험들이 삶의 원천으로 자리하면서도 사랑하는 사람들에 의해 움튼 주요한 '정서'라는 점이, 이번 시집을 통해 잘 드러나고 있다. 특히 사람과 그리움의 '틈'을 오가는 이채로운 '사이'의 시학은 이번에 발행되는 이종현 시집의 주된 특징으로서 자리매김한다.

고양시 덕양구 화정동 별빛마을과 옥빛마을 사이로
건널목, 파란 신호등 사이로
물방울처럼 튀어 오르며 건너는 3명의 아이들 사이로
내리쬐는 봄볕 사이로
화들짝 놀라 날아오르는 웃음소리 사이로
활짝 핀 꽃이 거리에 전시되는 사이로
섭씨 15도의 따듯한 봄바람 사이로
눈썹 위에 앉아 휴식을 청하는 졸음 사이로
힘차게 불거지는 파란 실핏줄 사이로
강을 이루며 흘러가는 물결 사이로
힘차게 올라가는 물고기 떼 사이로
싱싱한 물 빨아들이는 갈대 숲 사이로
눈부신 날개 짓 노랑나비 비상 사이로

산소 같은 표정으로 건널목을 빠져나가는
아. 이. 들
-「봄, 스케치」 전문

　시집의 1부에서 표출되고 있는 '계절'의 이미지는 봄을 시작으로 하여 겨울에 이르기까지, 생의 이면(裏面)이 잘 드러난다. 이는 시인 스스로 "삶의 부스러기"(1부의 소제목 중)로 명명한 이유와도 상통하는 점인데, 이종현 시인은 '계절'이야말로 시간의 흐름을 담보하는 '바로미터'이자 이 시간을 경유하는 '그리움'의 근원임을 보여준다. 바로, '계절'을 지나는 길목에서 시인이 마주한 것은 '사이'로 흐르는 '시간'과 '그리움'의 정서라 할 수 있다.
　위 시「봄, 스케치」는 이러한 '사이의 시학'이 선명하게 만져진다. 예컨대, 위 시에서 반복적으로 구사되고 있는 시어 "사이로"는 그리움의 대상이 자연과 일상의 테두리를 건너면서 마침내 "아.이.들"에 다다르는 상황을 목도하고 있다. 천천히 한 글자씩 읊조리는 "아.이.들"의 존재는 이종현 시인이 이제껏 시를 통해 추구해 오거나 혹은 동경해 온 대상이 무엇인지(그것은 대상에 대한 '그리움'의 정서로 집약되기에), 누구인지(그리움의 대상이 '사람' 곧 사랑으로 충만한 '아이들'과 같은 순수한 사람들이라 여겨지기에)를 설명해 준다.

계절 내내 버텨내던 무게를 내려놓습니다.
떨어지는 것들이 어깨에 와 닿을 때
바라본 가을 하늘은
아주 선명한 자국으로 할퀴어져 있습니다.

뜨거웠던 여름의 끝, 지는 나뭇잎은
색도, 무게도, 삶도 각기 달랐습니다.
툭툭 불거진 힘줄로 겨우 이겨 낸 여름은
이제 마른 잎, 몇 가닥에 남은 혈관 속에서
겨우 숨을 쉴 뿐입니다.

"고단했지만 선명한 삶이었다........"는 말 다
끝내지 못하고, 몇 가닥 호흡, 찍어 내리며
일제히 땅으로 내려앉습니다.

하지만 이별은 늘 익숙하지 못해
한참 동안 서성거리며 바스락거려봅니다.

내가 죽어야 또 내가 살 수 있기에
또 한 줄의 나이테 하나 끌어안으며.
− 「가을 愛」 전문

봄과 여름을 잇고 가을로 영그는 시인의 시간이 계절을 보내는 '이별의 순간'에 이르면 여전히 이 이별에 익숙해지지 못한다. 위 시는 생의 이면(裏面)을 들여다보듯 바라본 "가을 하늘"이 "아주 선명한 자국으로 할퀴어져 있"다는 표현을 통해 "가을 愛" 즉 가을에 느끼는 '사랑'의 감정이 이미 '이별'을 예정한 사랑이라는 것을 표출하고 있다.

"뜨거운 여름의 끝"을 지나, 청명한 가을하늘을 제대로 누리지 못하고, "지는 나뭇잎"을 안아야 하는 시인의 심경은 이 가을이 "내가 죽어야 또 내가 살 수 있"다는 절절한 깨달음을 뒤로하면서도 "지는 나뭇잎"의 교훈을 바라보며 뉘우침이 드는 것 또한 시인의 마음 깊은 곳에 그리움의 정서가 내재 되어 있기 때문이다. 무릇 "떨어지는 것들이 어깨에 와 닿을 때" 그 사이로, 시인이 서성이는 것은 "고단했지만 선명한 삶"을 위무하는 사랑의 힘을 믿고 있다는 방증(傍證)일 것이다.

진력나는 밤이었다.
아무것도 보이지 않았다.
그래서일까 꿈을 꿀 수가 없었다.
그곳엔 다만 비가 내렸다.

빗소리에 빼앗긴 꿈만 생각했다.
떠내려가는 소리가 빗물이려니 했다.
쓸려 가는 것이 어둠이려니 했다.
이 비 끝나면 화창한 살빛 바람
몰려오려니 했다.
어둠과 빗소리와 쿵쾅거리는 불안들, 골똘히
생각해 보니 꿈이었다.
밤새 흘려보낸 빗물이 내 꿈의 일부이었음을 알았을 때
아침은
눈부시게 이마 위에서 강렬하게 쏟아진다.

아직도 남은 빗물이 어둠 일부에 남아
아침을 깨우는데
그 꿈에서 벗어나지 못하고 또 꿈을 꾸고 있다.
─「꿈 1」 전문

그리하여 이종현 시인에게 그리움의 전언(傳言)은 "꿈"으로 이어진다. 이종현 시인은 현실에서 타개하려는 모순과 갈등과 피폐한 정신을 "꿈"으로 이겨 내려 한다. 즉 '꿈(을) 꾼다'는 것의 의미는 이종현 시인에게는 "그 꿈에서 벗어나지 못하고 또 꿈을 꾸고 있다"는 미완의 어떤 것으로써, '결핍'을 드러내는 것이기도 하다. 이 결핍이 바로 이종현의 시에서 그리움의 원천이 되고 있음을 주지해야 한다.
 위 시 「꿈 1」은 시인의 여러 연작 시편 가운데 하나인데, "꿈"으로 이어진 연작시를 위시하면 시인이 지향하는 이상향이 '꿈'과도 연결된 '소망'을 품고 있음을 알 수 있다. 꿈을 꿀 수 없었던 한 시절에서 빼앗긴 꿈만 생각했던 시절을 지나, 어둠도 바람도 빗소리도 생각해 보니 모두 '꿈'이었다는 인식은 꿈에서 벗어나지 못하고 또 꿈을 꾸고 있는 자신을 발견하기에 이른다. 그러한 꿈의 이동과 재발견은 이종현의 시가 사람과 자연, 그리고 아직 도래하지 않은 미지의 세계 '사이'를 서성이는, 그리움의 정서들로 돌올하다는 것을 잘 보여준다.

몇 가닥 혈관 속에서
뜨겁게, 뜨겁게 밀어내는 숨 가쁜 호흡이
몸 전체로 이어지고 있다.
미세한 움직임을 눈으로 확인하고
귀로 증명해 보는 심장 소리에
분명히
세상은 바람도 주고 시간도 주고
겨울나무 가지에 눈도 쌓이게 한다.

시간이 흘러, 흘러 세월 속에서
녹아내리는 수분이 된다.
제 살을 밀어내며 꽃도 피울 줄도 안다.
그래서 사는 것이 신비하기까지 한
도시의 골목 안에서 몸뚱이만으로도
살아남는 방법을 안다.

씨앗들은, 보도블록 틈에서 생존한
씨앗들은
다시 내년 봄풀로 증명받기 위해
겨울을 버틴다.

또다시 내 몸 안으로 숨 가쁘게 퍼지는
목숨의 알갱이들, 힘겹게 호흡을 내밀며
겨울을 이겨 낸다.
―「목숨 1」 전문

그리움과 꿈으로 채색된 시인의 시 세계에서 '목숨'이 주요한 이유는 생명성으로 표출되는 시인의 따뜻한 연민의 정서가 그의 시 안에 깃들여 있기 때문이다. 이 연민의 정서를 시인은 가슴 속에 여전히 남아있는 그리움으로 이어주면서, 계절로 가는 기차를 이어주듯 봄, 여름, 가을, 겨울로 찬찬히 잇는 세월을 마주한다.

시인의 1부 시편들 즉 "봄, 여름 가을, 겨울 그리고 계절, 삶의 부스러기"로 명명된 시들은 이종현 시인의 시 속에 이러한 생명성이 원천적으로 형상화되고 있음을 잘 보여주는 시편들이며, 시간으로 변화하는 생명(사람을 포함한 모든 목숨)을 바라보는 연민의 정서에 시인의 시가 기인한다는 사실을 확인하게 한다.

이처럼 위 시 「목숨 1」은 도시의 골목에서 살아남는 방법이 "보도블럭 틈에서 생존한" 놀라운 "씨앗들"의 생명성과도 같이 힘겹게 호흡하며 겨울을 이겨 낸 "목숨"을 시인이 기억하고 닮아가는 것이라 여긴다. 시인이 주시한 이 "목숨의 알갱이"야말로 시인이 도시에서 몸으로 버텨온 봄풀의 기적을 믿는 일이 되고 있음을 알 수 있다. 그러므로 위 시에서 "목숨의 알갱이들"로 언명된 것들은 "틈" 사이를 비집고 나와 시인에게 소망을 싹 트게 한, 작은 존재들이다.

「목숨 1」은 "미세한 움직임을 눈으로 확인하"면서 그 존재를 향한 숨 가쁜 목숨값을 가슴 깊이 새기게 한다.

닦고 나면 다시 가려지는 것은
시간 때문일까.
또 적당한 간격으로 윈도우 브러시
닦고 나면 점점이 찍혀 내리는 그리운 흔적들.

거리는 온통 힘없이 내리는 빗발에 흐느적이고
사랑을 잃은 사람들일수록 더 움츠러드는 젖은 어깨.

백미러 속 차들은 전조 등을 밝힌 채 조심스럽게 추억의
터널로 들어간다.

네 어깨 생머리 위로 흘러내리듯 비가 내린다.
우산 없이 비 맞는 사람들과
우산이 있어도 비 맞는 사람들이
차창에 부딪혀 빠르게 빠져나간다.

거리로 빠져나와 각자의 섬이
되었을 때
너에 대한 생각은 늘
깊은 자맥질로 빠져드는 어둠 안에 있었다.

소리도 없이 도로를 빠져나가는 생각들
사람들, 사랑들
윈도우 브러시, 계속 시간을 닦아 내고 있다.
　　　　　　　－「희미한 거리에서」 전문

모든 생명에게 시간은 못내 아쉬움을 남기게 한다. 그러한 감정은 생명이 '시간'에 의해 변화하기 때문일 것이다.
위 시 「희미한 거리에서」는 시적 화자가 빗줄기로 얼룩진 "윈도우"를 닦으며 "백미러 속 차들이 전조등을 밝힌" 채 "터널"로 들어가는 모습을 바라본다. 시인은 그리움의 흔적을 희미해진 거리에서 바라본, 사람들의 모습에서 되찾는다. 그것이 "사람들"이 "사랑들"로 바뀌는 대목을 탄생하게 한 것인데, "사람들"이 "사랑들"로 바뀌는 과정을 마주하면서 '그리움'을 품은 시인의 지향점은 다시금 재확인되고 있다.
위 시 「희미한 거리에서」는 마침내 "사랑을 잃은 사람들"의 정처 없음이 투시된다. 사람들이 "거리로 빠져나와 각자의 섬이/ 되었을 때" 그 가려진 시간은 "점점이 찍혀" 빗물로 얼룩진 윈도우가 전조등에 의해 되비치듯 "그리운 흔적"이 힘없이 흘러내리고, 그 사이를 유영한다. 빗줄기에 흐느적거리듯 희미해진 거리에서, 이종현 시인은 그리움의 시간을 닦아 내고 있다.

    한국을 떠나
    날아오를 때는
    비행기 모니터 지구본
    남서쪽 끝에
    브루나이가 있었다.

브루나이를 떠나
날아오를 때는
비행기 모니터 지구본
동북쪽 끝에
한국이 있었다.

중심은
바뀌는 거다.
―「중심 I」 전문

  요컨대 이종현의 시는 나를 중심으로 돌아가는 세상이 아니라, 세상의 중심이 바뀔 때마다 바뀐 중심을 겪으며 적응해 나아가야 하는 삶의 지난함을 알고 있으며, 이러한 삶의 통증을 시로써 재발견하고 있다.
  앞서 시 「희미한 거리에서」의 백미러 속 차들이 빠져나가는 터널 속 "어둠"을 응시했다면, 위 시 「중심 1」에서는 "브루나이행 비행기"를 타고 날아오를 때 지구본 남서쪽이 동북쪽 끝으로 이동하는 "중심"의 변화를 깨닫는다. 떠난 곳과 다다른 곳의 차이는 "중심"을 어디에 두고 있느냐의 관점을 변화시킨다. 관점에 따라 "중심"도 바뀐다는 것이다. 시인이 지닌 유연한 인식의 저변이 느껴진다. 그렇다. 경직된 것은 발전적인 삶이 아니다. 경직된 사람도 마찬가지다. '사랑'은 더더욱 그러하다.
  위 시에는 떠나는 이의 방향에 따라 세상의 중심이 달라진다는 시인의 '유연한' 철학이 잘 드러난다. 이종현 시인의 시적 자의식과 삶의 태도가 위 시 「중심 1」에 자리하고 있다. 이른바 "소리도 없이 도로를 빠져나가는 생각들"의 파편들이 커다란 하나의 중심으로 형성되면서 시인이 바라본 "사람들"이 종국에는 "사랑"으로 화해하는 광경을 우리는 목도하게 된다.

안개가 비처럼 내리는 종로 한복판서 문득 만난 네가
묻는다.
"너 돌았니?"
그러고 보니까 돈 거 같기도 하다.
도시에 있으면 가끔 진짜도
전혀 믿겨 지지 않을 때가 있다.

안개비가 내리는 명동明洞을 지나다
마주친 네가 말한다.
"너 어디 아프니?"
그러고 보니 빌딩 창마다에 매달린 가로등 빛에
확인되는 것은 내 창백한 얼굴뿐이다.

회색빛으로 등 굽은 이곳 서울에서
단지 집으로 가기 위해 아래 그 아래
지하도로 내려갔을 뿐인데
모든 꿈들은 어둠 속에서 점점 더 작아지며
손 흔든다.

한참을 갔을까 1호선 중동역에서 기다리던
아내마저도 웃는데 힘없어 보인다.

그때서야 알았다.

초등학교 풍향계,
방향 없이 돌아가던
그 유년이 아님을.
　　　　－「우린 어둠을 향해」 전문

 그러나 위 시 「우린 어둠을 향해」를 통해 시인이 겪은 삶이 "어둠 속에서 더 작아지며" "방향 없이 돌아가던" 시절을 견뎌왔음을 엿볼 수 있다. 위 시에서 "회색빛으로 등 굽은 서울"은 이종현 시인이 맞닥뜨린 "지하"와 "가로등" 빛을 잘 보여준다.

 예컨대 위 시에서 "너"와의 대화는 실제 있었던 일임에 분명하다. 가벼운 일상과 자주 벌어지는 삶의 페이소스를 시적 순간으로 다루는 시인의 시작(詩作) 태도는 "너 돌았니?", "너 어디 아프니"와 같은 일상의 대화를 시의 영역으로 끌어들이면서 "그때서야 알았다"는 식의 매우 유연한 깨달음의 순간을 은근슬쩍 펼쳐 보인다. 이 깨달음은 풍경처럼 사람들 앞에 우뚝 선 일상의 장면들에 의해, 시적인 순간을 한걸음 더 진보하게 한다.

山
山넘어 山이 있다.
山뒤에 또 山이 있다.
깊은 山속에 또 깊은 山이 있다.
그 깊은 山속에 사람이 산다.

山.
사람.
참 깊다.
　　　　　-「산山」 전문

위의 시는 "산"을 "山"으로 표기하는 순간, 한 폭의 동양화 그림을 보는 듯 혹은 협곡에 들어선 듯 산이 아닌 山으로 진입한 듯한 기이한 상상에 사로잡힌다. 산을 山으로 표기하고 나니, 상형문자의 그림체가 우뚝 진경산(眞境山)의 형태로 아름답게 되살아나는 것이다. 단조로운 대상을, 흥미로운 한자 표기를 사용하여, 도달할 수 없는 깊이의, 성찰로 가 닿고 있다. "山"이 보태어져 "산"이, 사람이 바라보는 산이 아니라 "사람이 사"는 산이, 심중(心中)의 헤아릴 길 없는 산이, 그 깊이만큼의 山으로(혹은 산으로), 이채롭게 형상화되고 있는 것이다.

「산」은 어찌 보면, 시인의 봄, 여름, 가을, 겨울을 모두 견뎌 그 사이로 스민, 모든 인연들이 사는 곳이리라. 사람의 '사이'를 모두 안다는 듯이 산이 시인에게는 "참 깊"게 깨달음으로 다가오고 있다. 이 산을 가로지르는 곳에 이종현 시인의 꿈의 안식처인 '시'가 있는 것이다.

　　화선지 끝에 발갛게 잠기는
　　깊은 생각의 주체, 가을
　　초등학교 하늘 위로
　　비행기 두 대
　　구름 같은 연기를 그리며

황혼黃昏 속으로 감기어 가는
고요의
핵.

II
숨결마저 분해되는
황혼 속으로
바람 몇 줄기
신경의 끝을 건드리며
깨워 풀어내는 어둠들
치열하게 대치중인
저녁과 어둠의 점이지대漸移地帶

III
아!
내가 살아 숨 쉬는 단 1초.
　　　　　　－「노을」전문

「산」과 함께 위 시「노을」을 읽으면 문득 '노을'로 되비치는 '산'과 그 산 앞에 서 있는 '사람'의 형상이 일직선으로 연결된 듯한 착각이 인다. 노을을 상상해 보라. 노을을 바라보는 사람을 상상해 보라. 노을 앞에서 "저녁과 어둠의 점이지대"를 이루는 풍경을 또한 상상해 보라. 시인은 이렇게 말한다. "아! 내가 살아 숨 쉬는 단 1초"의 순간이 바로 지금이라고.

그런데 자연으로 관조된 노을의 실체는 "시골 노을"에 이르면 다시금 다른 풍경으로 떠오른다.

시골은 노을이 하나다.
서울은 노을이 수천 개다.
고층빌딩 창마다 다닥다닥 들어앉은
노을은
각기 다른 욕망으로
뜨겁게 불 타 오른다.

시골은 노을이 하나다
저녁 들판에서도
새들을 산으로 돌려보내는
들판 끝 산 위에도
분명 노을은 하나다.
아무 말 없이 짚더미를 태우고 있는
등 너머로 지는
저 쓸쓸함에도
시골 노을은 오직 하나다.

단지 저녁 끝에서 밥 먹으라 부르는
엄마의 노여움
사립문 사이로 쏟아져 나올 때
급하게 돌아서는 눈가에
어쩌다 노을
겹쳐 보이긴 한다.

높은 빌딩 수백 수천의 창窓에
단 몇 분간이라도
더 끌어모으려는 황금빛 노을
그 욕망의 열기로 불타오를 때

> 분명한 것은
> 시골 들녘, 강둑 너머로
> 지는
> 노을은
> 딱 하나다.
>
> ―「시골 노을」 전문

시「노을」과 함께 위 시「시골 노을」을 읽으면, 많은 생각들이 파노라마처럼 펼쳐진다. "발갛게 잠기는 깊은 생각의 주체"(이하「노을」에서 인용)가 "초등학교 하늘"을 거쳐 중년의 "황혼" 속으로 떠 가다가 "어둠과 치열하게 대치 중"이다. 반면에 "노을이 수천 개"(이하「시골 노을」에서 인용)인 "서울"에서 바라보는 "시골 노을"은 "단 하나"의 노을이다. "아무 말 없이 짚더미를 태우고 있는/ 등 너머로 지는 저 쓸쓸함"이 바로 "시골 노을"의 진면목이다.

이종현 시인은 "시골 노을"을 명명하는 가운데에 유년으로 숨겨진 생의 이면에 가 닿고 있다. 정겨우면서도 쓸쓸한 향수를 지닌 시골 노을…. 시인의 관찰력은 노을도 시골 노을과 달리 보인다.

그리움의 정체를 좇아 온 이종현 시인은 또한「그리운 암각화」연작을 탄생시키고 있다.『그리운 암각화』연작시는 시간의 흐름을 거슬러 선사 시대의 그것(시간)과 만난다. 시간의 행보에서 암각화를 마주한 건 시인에게는 태생적 운명처럼 머무는, '그리움' 탓이다.

천연색이었으면 어땠을까.
흑백의 역사가 지나온 시간을 배경으로 누워있다.
사슴, 호랑이, 고래 혹은 상징적인 것들이
꿈속에 이어지는 새벽안개처럼
희미한 것들이다.
천년을 두고 아니 만년을 두고도
새겨 넣었을 그리움일게다.

총천연색이었으면 어땠을까.
서로의 각인된 그리움들이
피빛이었어도
그 사랑 여전히 뜨거웠을까.
잔허리 깔고 이미 어둠으로 누워있어도
검은 바위에 새겨진 고래, 호랑이, 사슴
그 상징적인 것들은 더욱더 선명한 것이어서.

천년을 아니 만년을 살았어도
넌
계속 흔들리지 않은 그리움이었을까.

아직도 그 온기, 37도의 체온으로
남아있어서.
— 「그리운 암각화 1」 전문

'암각화'는 잘 알려진 대로 바위, 절벽, 동굴의 벽면 등에 새겨넣은 그림을 의미하는데, 주로 선사 시대에 제작된 바위그림을 이른다. 문자가 없던 시대에 이 암각화는 동물, 사람, 도구, 기하학적 무늬를 그려 넣어 풍요를 기원하거나, 종교적 의례의 행위를 드러내거나, 일상생활 등 당시의 사회상을 보여준다. 아마도 신석기, 청동기 시대 사람들의 일상생활과 신앙이 기록된 매우 중요한 유물이 암각화이기도 할 것이다.

이종현 시인은 울산 반구대 암각화를 떠올린 듯하다. 울산 태화강의 지류인 대곡천을 따라 내려가면, 높은 절벽이 병풍처럼 강을 막고 서 있는 아름다운 풍경을 만나게 된다. 산과 계곡, 기암괴석이 어우러진 절경으로 이루어진 반구대의 거대한 바위에 이 암각화는 여러 가지 동물과 사냥도구 및 사냥하는 모습을 그려 넣은 바위로 남아있다. 암각화는 자연과 사람의 조화로운 모습이 바위에 새겨진 것이다.

위 시는 이종현 시인이 암각화를 통해 그리움의 원천을 마주하고 있음을 짐작할 수 있다. 시인에게 다가온 그리움의 감정은 바로 시대를 거슬러 올라가 "천 년을 두고 만년을 두고 새겨 넣었을 그리움"으로 조우하고 있다.

　　며칠째 비만 내렸습니다.
　　기억하지 못하므로 어둠 안에 다
　　묻어 놓기로 했습니다.
　　새벽마다 깨어나는 그리움만으로도
　　왜 가슴이 답답한지를 알 것 같았습니다.

　　이것을 세월이라고 말하기엔 너무도 생생하기에.
　　뒤척거리는 기인 시간 안에
　　째깍, 째깍 살아나는
　　당신의 마지막 눈빛으로 인해.

이만큼 흘러 각인된 세월 속에서도
　　그 눈빛
　　겹겹이 일어서 사라지지 않는 흰 포말과 같아

　　아무래도 오늘 밤은 계속해서 뒤척거릴 거 같습니다.
　　가능한 바다와 섞이지 않게, 지워지지 않으려고.
　　아프지 않게, 멍들지 않게

　　조심스러운 그 사랑의 알갱이들.
　　　　　　　　　　－「그리운 암각화 2」 전문

　뒤늦게 암각화를 보고 온 후 시인이 겪은 그리움의 감정은 각별했을 터이다. 그는 "새벽마다 깨어나는 그리움만으로도" "가슴이 답답하"다는 증상을 겪는다. "사라지지 않는 흰 포말" 같은 마음의 동요는 '그리움'과 함께 이어진 "사랑의 알갱이"로 표상된다. 「그리운 암각화 1」과 「그리운 암각화 2」의 차이는 암각화를 보기 이전과 본 이후의 감정 변화를 엿볼 수 있다는 점이다. 「그리운 암각화 2」에서 시인은 상사병을 앓듯 그리움의 증상에 빠져버린다.
　위 시에서 "뒤척거리는 기인 시간"은 "세월이라고 말하기엔" 너무도 생생한 광경이었으며, "마지막 눈빛"처럼 강렬한 장면이어서 그 "눈빛"은 "사라지지 않는 흰 포말"로 시인의 뇌리와 심장에 각인된 것을 볼 수 있다. 시인은 이렇게 고백하고 만다. "아무래도 오늘 밤은 계속 뒤척일 것 같습니다"라고.

꼭 비가 내릴 것 같았습니다.
하지만 기다리던 비는 이내
귀가하는 허전함에 묻어버렸습니다.
촉촉함 없이 살아간다는 것이
사랑하는 것보다 더 힘듦을
넘어가는
어둠 안에서 깨달았습니다.

텅 비어 있는 이 도시.
비워져 버린 서울 빌딩 숲
허전한 시야 메꾸려 조망되는
빌딩 콘크리트 사이에서 그래도 살아 있는
풀 한 포기
화석보다도 더 강렬했습니다.

그 강렬함 남기지 못하면 살아남을 수 없음을 알기에
예리한 끝 하나 세워
피보다 선명한 숨결 하나 각인해 봅니다.

그래도 미덥지 못해 돌아오는 길,
돌아보며
뒤돌아보며
잡지 못한 마음, 떠도는 바람 앞에 서성거려 봅니다.
그래서 불안입니다.
삶은 또 초조입니다.

천년을, 만년을 그렇게 살아온
저 어둠 속에서 어제도 그랬듯이
오늘도 그랬듯이 내일도 불안입니다.

도시. 빌딩. 숲. 바람.
그리고 수많은 시간과 세월들이
언제 쏟아질지 모르는 먹구름 앞에서.

사랑은 여전히 불안입니다.
삶은 그래서 더 불안입니다.
깊은 잠을 끌어안지 못하고.
　　　　　　－「그리운 암각화 3」전문

　시인이 암각화를 본 후에 겪은 포효하는 사랑의 굴레는, 사람과 그리움 사이에 여전히 존재하는 과거의 시간에 의해서다. 그것은 "천년을, 만년을" 그렇게 견뎌온 암각화가 표방하는 오래된 시간을 통해 발견된 그리움의 시간에 다름 아니다.
　그런데, "그 그리움 안으로 들어가" 시인이 마주한 것은 '사랑'이 아닐 것인가. 사람, 그리움, 그 사이로 오롯하게 존재하는 '사랑'이 사람의 마음속에 있기 때문이 아닌가.
　위 시에서 이종현 시인은 "사랑은 여전히 불안"하다고 인식한다. 사랑이 불안하기 때문에 "삶은 그래서 더 불안"하게 증폭된다. 시인은 "어제도 그랬듯이／ 오늘도 그랬듯이 내일도 불안"한 것이 바로 사랑의 감정을 지닌, 삶이라 여긴다. 암각화 때문이다. 암각화의 세월은 그것을 알고 있기 때문이다.
　시인의 마음결에 사람과 그리움의 사이로, 천년의 사랑 같은 사랑이, 지나가고 있다. 지나가는 그 사랑을, 잡지 못해 더욱 시인의 사랑이 그리움에 사무친다. "사람, 그리움 그 사이로" 오래된 사랑이, 시인의 마음에 머물러 있다. ▨

詩로여는 세상

시로여는세상 시인선 48

사람, 그리움 그 사이로

ISBN 979-11-94512-34-9 03810
eISBN 979-11-94512-35-6 05810

초판인쇄 2025년 11월 1일
초판발행 2025년 11월 11일

지은이 이종현
펴낸이 김용옥

펴낸곳 ㈜시로여는세상
등록일 2022년 1월 20일
등록번호 제2022-000021호
주소 03004 서울시 종로구 평창30길 44
편집실 03157 서울시 종로구 종로 19, B동 1616호 (르메이에르종로타운)
전화 070-8777-7185
이메일 총무부 · poeticact2002@naver.com
홈페이지 http://poeticact.com
SNS @ofpoeticact (https://www.instagram.com/ofpoeticact/)

제작 淸依 althor@naver.com

＊ 잘못 만들어진 책은 구입하신 서점에서 교환하여 드립니다.
＊ 이 책의 저작권은 저자에게, 출판권은 계약기간 중 ㈜**詩로여는세상**에 있습니다.
＊ 정가는 뒤표지에 있습니다.